Thomas Rusche

KLEINES SØR-BREVIER DER KLEIDUNGSKULTUR

Für meine Eltern

Biographische Notiz

Heinrich Thomas Rusche, geboren 1962 in Münster, hat 1982 am privaten Mauritius-Gymnasium des Jesuitenkollegs Büren maturiert.

Von 1982 bis 1988 studiert er Wirtschaftswissenschaften und Philosophie an den Universitäten Freiburg, Schweiz und FU Berlin. 1988 übernimmt er die Geschäftsführung der SØR-Herrenausstatter und die Präsidentschaft der International Menswear Group, dem Weltverband der Herrenausstatter.

1991 promoviert er über strategisches Sortimentsmanagement im Handel. 1992 erwirbt er den Magister artium.

Thomas Rusche

KLEINES SØR-BREVIER DER KLEIDUNGSKULTUR

Der Ratgeber für den Herrn

LIT

3. vollständig überarbeitete und
ergänzte Auflage 24.–40. Tausend

ISBN 3–89473–101–x

© LIT VERLAG   Münster – Hamburg – London

Inhalt

Vorwort

Das Interesse an Kleidung ist lebendig. Fragen zur Kleidung werden heute zumeist als Modefragen angesehen. Der vorliegende Ratgeber beschreitet einen anderen Weg: Er bietet umfassende Informationen zur Kleidungskultur des Herren.

Es finden sich Antworten zu vielen Kleidungsanlässen. Damit lassen sich alle denkbaren Situationen sicher bewältigen.

Als Enzyklopädie der internationalen Kleidungskultur ermöglicht das SØR-Brevier dem informierten Leser eine Abrundung seines Wissens. Dem stilsicheren Leser vermittelt es Anregungen.

Das Brevier, jetzt in der dritten Auflage erschienen, wird auch in Zukunft überarbeitet und erweitert.

Der Autor ist dem geneigten Leser für Anregungen und Rückfragen dankbar.

Thomas Rusche
Bleibtreustraße 33
10707 Berlin

Einleitung

Mode oder Kleidungskultur?

Die Garderobe des klassisch gekleideten Herrn ist im Gegensatz zur saisonal wechselnden Mode durch die unverwechselbare Kontinuität der Kleidungskultur gekennzeichnet.

Kultur meint eine bestimmte Qualität menschlicher Tätigkeiten, nämlich nicht die bloße, durchschnittliche Ausführung einer Handlung, sondern deren Steigerung zur größtmöglichen Vollkommenheit. Kultur hat, wer eine Handlung so auszuführen versteht, wie sie der jeweiligen Sache entspricht.

Die Tyrannen der Mode erklären im hektischen Wechsel unterschiedliche Extreme zum „Muß". „In" und „out" sind beliebte Vokabeln dieses Modediktats. Kleidungskultur hingegen sicht sich mit Aristoteles die tugendhafte Mitte zwischen den modischen Extremen der Weiten und Breiten.

Anlaßgerechte Kleidung

Kleidungskultur konkretisiert sich in der anlaßgerechten Kleidung. Indem der Mensch mit seiner Kleidung dem jeweiligen Anlaß gerecht wird, schafft er Kleidungskultur.

Kleidungskultur beginnt mit der Frage: "Wie kleide ich mich wozu?" Dieser kulturelle Kleidungsanspruch steht dem Modediktat diametral gegenüber. Jenseits der wechselnden Extreme entspricht die Kleidungskultur dem jeweiligen Anlaß und dem persönlichen Stil des Menschen. Anlaßgerechte Kleidung ist keine Frage des Alters, sondern des persönlichen Anspruchs.

Persönlicher Kleidungsstil

Hat der Mensch die kulturelle Dimension der Kleidung erkannt, wird er sich ihr verpflichtet fühlen und selbst Kleidungskultur schaffen wollen. Ein jeder Mensch ist eine Persönlichkeit, und für jede Persönlichkeit gibt es einen vollkommenen Kleidungsstil. Habe ich meinen persönlichen Kleidungsstil gefunden, gibt es keinen Grund, ihn zu wechseln, sondern nur unterschiedliche Anlässe, meinen individuellen Stil zu variieren und kulturell auszuformen. Kleidungskultur bedingt also keineswegs eine Uniformität. Kleidungskultur bedarf zur individuellen Ausgestaltung keiner Moden. Möge dieses Buch dem gültig gekleideten Herren hierbei zur Seite stehen.

Anzug

Historie

In der Neuzeit folgt der Mann von Welt bis zum Ende des 18. Jahrhunderts den Moden des französischen Hofes. Wie im Tierreich übertrifft dabei das männliche Geschlecht sein weibliches Pendant mit farbenfrohen, kostbar bestickten Gewändern und Samten.

Bürgerliche Freiheitsbewegungen in England führen bereits in den Jahrzehnten vor der französischen Revolution zu einer Demokratisierung des Herrenkleides. Der englische Bürger trägt nun einen einfarbigen Tuchrock in gedecktem Blau, Grün oder Grau mit farbig abgesetzten Beinkleidern. Der Oberrock ist schmal und frackähnlich geschnitten. Die Stofffülle wird reduziert, um die Bewegungsfreiheit zu erhöhen.

Goethe läßt Werther bereits im Jahre 1774 einen blauen englischen Frack tragen. Diese "Werthertracht" setzt sich mit dem Aufstieg des dritten Standes im 19. Jahrhundert auch in Deutschland durch und wird zum europäischen Allerweltskleid.

Der einfache Tuchrock, zuerst nur als Reitanzug getragen, erhält einen schmalen, frackähnlichen Schnitt. Dazu werden Kniehosen und Westen getragen, die sich im Laufe der Zeit in ihrer Form stark vereinfachen.

Tonangebend für männliche Eleganz werden im
19. Jahrhundert die Vereinigungen der vornehmen
Gesellschaft. Der bekannte Londoner Macaroni-
Club hat auf die Mode dieser Epoche entscheiden-
den Einfluß. Als prominentester Dandy gilt George Bryan Brummel (1778–1840), der in einem
Standeskatalog exakt festlegt, was als 'in' zu gelten hat.

Die bekannte Silhouette des klassischen Anzugs
mit hochgeschlossenem Revers und gering tail-
lierter Form kommt 1867 in Mode, als der Prince
of Wales und spätere König Edward VII. (1841–
1910) erstmalig mit einem aus gleichem Stoff gefertigten Anzug erscheint. Zunehmend wird es üblich, den ganzen Anzug in einheitlicher Farbe zu
tragen. Anthrazit und schwarz dominieren nun die
Optik des Mannes von Kopf bis Fuß.

Um 1900 hat der Herr die Wahl zwischen Frack,
Gehrock und Straßenanzug. Letzterer wird zu Beginn dieses Jahrhunderts vom New Yorker Herrenausstatter Brooks Brothers aus England in die
USA importiert und tritt damit seinen internationalen Siegeszug an.

Bis in die zwanziger und dreißiger Jahre nur als
Tages- und Straßenanzug üblich, wird dieser Klei-
dungsklassiker nach dem Zweiten Weltkrieg auch
abends gesellschaftsfähig. In schwarz oder dunkelblau ersetzt er bei halboffiziellen Anlässen zunehmend Frack und Smoking.

Mit seiner hundertjährigen Tradition gehört der Anzug zu den unverzichtbaren Klassikern der Kleidungskultur unseres Jahrhunderts.

Material

Reine Schurwolle – vom Schaf geschoren und erstmals verarbeitet – ist das unverzichtbare Grundmaterial für den anspruchsvollen Anzug.

Flanell

Flanell ist eine der wichtigsten Stoffqualitäten. Vom reinen Kammgarn-Serge ist der Flanell aus Streich- oder Kammgarn zu unterscheiden. Der weiche, schmiegsame Griff edler Flanelle wird durch das Walken der feinen Merinowolle erreicht, die sehr filzfreudig ist. Die weichgedrehten, melierten Garne werden tuchbindig, häufiger allerdings köperbindig gewebt. Der Flanell ist eine Stoffqualität, die in erster Linie für ein- und zweireihige Tages- bzw. Businessanzüge mit Rücken- oder Seitenschlitzen verarbeitet wird. Flanell sollte möglichst nicht ohne mehrtägige Erholungsphase getragen werden.

Shetland

Die Shetland-Inseln, vor der Nordostküste Schottlands gelegen, sind mit ihren gröberen Wollqualitäten ebenso Ursprung des Shetland-Pullovers wie der echten Shetlandstoffe. Heute werden mittelbis großfädige, leicht meltonierte Streichgarnstoffe aus gröberen Wollen damit gekennzeichnet. Seltener sind die oft aus Halbkammgarn gefertigten Kammgarnshetlands. Typisch für den echten tuch- oder köperbindig gewebten Shetland sind die Melangeoptik und das offene Gewebe. Shetlands sind sehr strapazierfähig und knitterresistent. Shetlandqualitäten werden für sportive Anzüge verarbeitet.

Cheviot

Cheviot ist ein körniger, unempfindlicher, sportlicher, strapazierfähiger Wollstoff mit aufgerauhter Oberfläche. Cheviots werden in einfarbigen oder bunten Kamm- oder Streichgarnen gewebt. Die köperbindigen Cheviotqualitäten werden bevorzugt für sportliche Anzüge verarbeitet.

Tweed

Der typische Tweed mit Köperbindung ist melangefarbig, zumeist mit Noppen und Stichelhaaren, entweder klarfädig oder mit leicht verwischter Oberflächenoptik. Echt schottische Tweeds haben zumeist kleinrapportige Dessins. Die oftmals noch farbintensiveren irischen Tweeds sind in der Regel großflächig gemustert. Der Begriff Tweed wird häufig durch Gebietsnamen (Channel Tweed, Irish Tweed) präzisiert.

Tweedstoffe eignen sich besonders für die kühle Jahreszeit. Typische Tweedanzüge werden mit
Rückengurt, Golffalten und Lederapplikationen
sportlich ausgestattet.

Gabardine

Gabardine ist ein sehr strapazierfähiges, schmutzabweisendes und glattes Gewebe mit klaren diagonal verlaufenden Rippen (Köpergrate = Köperbindung) aus feinen bis mittleren Kammgarnen
bzw. Kammgarnzwirnen, häufig uni, nur selten
meltoniert.

Gabardinequalitäten sind typisch für Businessanlässe und in den feinsten Qualitätsstufen auch für
den offiziellen Anzug geeignet.

Lambswool

Lambswool ist Wolle der ersten oder zweiten
Schur eines jungen Tieres bis zum Alter von einem Jahr. Vom Merinoschaf ist sie besonders fein,
weich, geschmeidig und kratzt nicht. Die Qualität wird für die Fertigung von Sakkostoffen, aber
auch als Beimischung für viele Anzugstoffe verwendet. Hochwertige Lambswool ist keine strapazierfähige Qualität. Sie bedarf deshalb einer regelmäßigen Ruhepause.

Tropical

Tropical ist ein leichtes, tuchbindiges Gewebe
aus Kammgarn. Das klare Gewebebild, die matt-
schimmernde Oberfläche und der körnige Griff
sind ebenso typisch wie seine enorme Festigkeit
und Knitterunempfindlichkeit. Der Tropical ist eine ausgesprochen sommerliche Qualität, ein echter 'Cool Wool'-Stoff. Klassische Tropicals sind
unifarben und werden für Tages- und halboffizielle Anzüge verarbeitet.

Mohair

Die Wolle der Uniqualität Mohair stammt von der
ursprünglich in der Türkei beheimateten Angoraziege. Das klare Gewebebild dieser Stoffe läßt
die Atlasbindung erkennen. Wichtige Merkmale
des Mohairs sind sein Glanz, der elegante Fall
und sein körniger Griff. Mohair empfiehlt sich für
Business- und offizielle Anzüge.

Cashmere (Kaschmir)

Cashmere ist der Inbegriff des Luxuriösen. Die
Cashmereziege lebt in Asien auf einer Höhe von
3000 bis 4000 m und schützt sich mit ihrem
sehr feinen Unterhaar gegen die Kälte. Nach dem
Aussortieren der gröberen grauen Haare beträgt
die Jahresmenge nur 80–100 g je Tier. Cashme-
requalitäten bestehen aus einer Atlasbindung und
werden zumeist als Beimischung für Tages- bzw.
Businessanzüge verarbeitet.

Seide

Seide wird aus den Gespinsthülsen (Kokons) der Raupe eines in Ostasien beheimateten Schmetterlings (Seidenspinners) gewonnen. Die Raupen des Schmetterlings ernähren sich von den frischen Blättern des Maulbeerbaumes. Zur Erzeugung von Seide werden Seidenraupen gezüchtet. Das Weibchen legt ca. 300 bis 400 Eier, denen die Raupen entschlüpfen. Nach etwa 30 Tagen beginnen sie sich einzupuppen. Vier bis sechs Tage benötigen die Seidenraupen, um aus dem etwa 3 000 m langen Faden ein taubeneiförmiges Gehäuse zu fertigen. In diesem Gehäuse verwandelt sich die Raupe zur Puppe und später zum Schmetterling. 5 000 Kokons wiegen 3 bis 5 kg. Daraus kann etwa 1 kg reine Seide gewonnen werden. Reine Seide dient der Fertigung festlicher Abendkleidung und eleganter Sakkos.

Baumwolle

Die meisten Baumwollqualitäten haben eine Leinwand- oder Köperbindung. Die gebräuchlichste Qualität zur Fertigung von Anzügen ist die amerikanische Upland-Baumwolle.

Baumwolle ist hautsympathisch und luftdurchlässig und empfiehlt sich für sommerliche Geschäftsanzüge.

Baumwollanzüge sind halb- oder ganzgefüttert und nicht knitterresistent.

Leinen

Leinen wird aus den Stengeln der Flachspflanze
gewonnen. Die körnige Gewebestruktur mit Leinwandbindung und charakteristischen Garnverdikkungen knittert edel und wirkt bei Hitze kühlend.
Leinen ist eine sommerliche Qualität.

Baby-Alpaca

Die erste Schur noch nicht einjähriger Alpacas ergibt eine seidig-weiche, sehr lange Faser von un-
vergleichlicher Qualität. Tuche aus Baby-Alpaca
sind besonders geschmeidig, federleicht, erstaun-
lich widerstandsfähig und beeindrucken durch
Fülle, Weichheit und Seidenglanz. Durch die Aus-
druckskraft der echten Naturfarben bewahren die
Tuche den ursprünglichen Charme des hochwertigen Materials.

Dessinierung

Klassisch gültige Dessins der Herrenausstattun-
gen sind die hier aufgeführten Musterungen.

Glencheck

Zur Unterscheidung der verschiedenen Clans besitzen die schottischen Familien unterschiedliche Checks (Karos). Die daraus abstammende
Musterbezeichnung ist Glencheck, die auf viele Qualitäten anwendbar ist. Glenchecks sind

meist schwarz/weiß gemustert und für Tages- und Businessanzüge zu empfehlen.

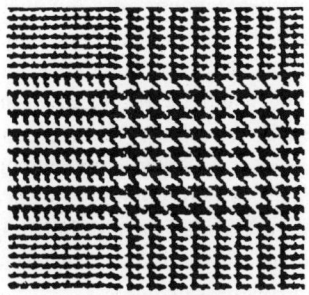

Glencheck

Hahnentritt

Hahnentritt ist wie der Begriff 'Glencheck' eine reine Musterbezeichnung, die auf viele Qualitäten anwendbar ist. Immer auf einer Köperbindung aufgebaut, hat sich der Hahnentritt als Bezeichnung für abgewandelte Kleinkaros durchgesetzt, die an den Ecken kleine Verlängerungen besitzen, welche dem Abdruck einer Hahnenkralle ähneln. Hahnentritt wird zumeist schwarz/weiß gewebt. Andere Garnfärbungen sind möglich. Der Hahnentritt ist ein typisches Musterungsbild für Tages- und Businessanzüge.

Hahnentritt

Pepita

Pepita ist ein köper- oder leinwandbindiges Gewebe, bestehend aus hellen und dunklen Karos mit der Grundfarbe schwarz/weiß. Andere Farbvarianten sind möglich. Als Tages- oder Businessanzug eignet er sich hervorragend.

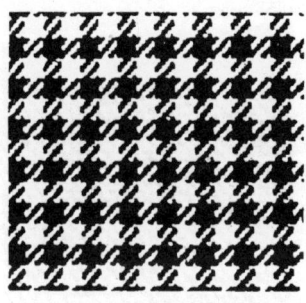

Pepita

Fil-à-fil (Pfeffer und Salz)

Ursprünglich vom Kontrast und der Farbe beider Gewürze abgeleitet, bedeutet Pfeffer und Salz (Fil-à-fil) die Farbstellung 1 hell/1 dunkel. Dank der Köperbindung ergibt sich als Mustereffekt das typische Treppchen. Mehrere Farbvarianten sind möglich. Fil-à-fil-Anzüge empfehlen sich für Businessanlässe.

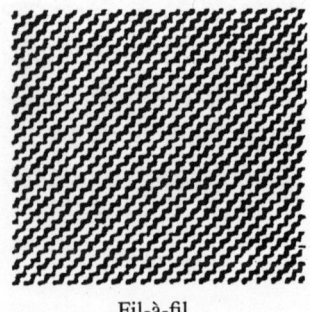

Fil-à-fil

Mausezahn

Im wahrsten Sinne des Wortes ist das Muster von der Form eines Mausezahns abgeleitet. Die Technik gleicht der des Fil-à-fil. Das in sich unruhige Gewebebild ist in der Farbstellung schwarz/weiß typisch. Andere Farbstellungen sind möglich. Stilistisch ist dieses Muster grundsätzlich für Tages- und Businessanzüge geeignet.

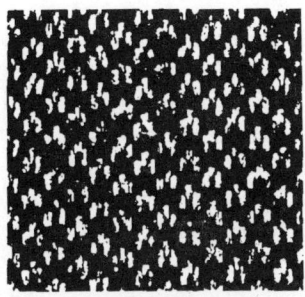

Mausezahn

Fischgrat

Charakteristisch für das Aussehen sind die einem Fischskelett vergleichbaren auf- und absteigenden Köpergrate. Schwarz-weiße oder verschiedenfarbige Garne bilden die Farbpalette dieses Gewebebildes. Fischgratstoffe werden für sportive Anzüge im Tagesbereich getragen.

Fischgrat

Nadelstreifen

Auch unter der englischen Bezeichnung 'Pinstripe' bekannt, ist der Nadelstreifen eine der klassischen Herrenanzugmusterungen. Auf der Basis feinfädiger Kammgarnqualitäten mit mehr oder weniger klarem Oberflächenbild wird dieser wie mit der Nadel gestochene (*Kreidestreifen* wie mit Kreide gezeichnet) feine Streifen durch die Verwendung eines kontrastierenden feinen weißen oder farblich abgesetzten Seidenfadens erzielt. Farbvariationen von hellgrau, anthrazit, mittel- und dunkelblau sind möglich.

Formenkanon

Die hundertjährige Entwicklungsgeschichte des Anzuges hat zu einem vielfältigen klassischen Formenkanon mit zeitloser Gültigkeit geführt. Grundsätzlich unterscheiden sich Knopfstellung, Schlitz, Revers und Taschen der unterschiedlichen Anzugformen.

Knopfstellung

Der Einknopf/Einreiher ist für offizielle Tagesanzüge und Smokings bestimmt. Der Zweiknopf/ Einreiher ist die bevorzugte Knopfstellung für nichtoffizielle Anzüge. Auch der Dreiknopf ist eine klassische Form des Einreihers und wird in gewissen Zyklen von der Mode propagiert.

Der zweireihige Anzug ist dem Modediktat permanent unterworfen. Wer sich diesem ständigen Wechselspiel von "In und Out" nicht unterwerfen will, ist gut beraten, eine klassische Knopfstellung mit oberem Schließknopf zu wählen.

Der Sakko sollte zumindest bei der Begrüßung geschlossen getragen werden. Grundsätzlich bleibt der untere Knopf geöffnet, beim Dreiknopf kann der obere geschlossen werden. Beim Zweireiher sind die Blindknöpfe naturgemäß nicht zu schließen. Der untere Knopf des Zweireihers wird nur bei Uniformen geschlossen.

Anzüge mit zwei Knopfleisten sollten im Rücken grundsätzlich mit zwei Seitenschlitzen gearbeitet sein. Lediglich beim zweireihigen Smoking sollte ganz auf einen Schlitz verzichtet werden. Grundsätzlich ist die schlitzlose Variante den offiziellen Anzügen vorbehalten. Einreihige Geschäftsanzüge können nach Wahl mit einem Rücken- oder Seitenschlitz ausgestattet werden.

Revers (Façon)

Einreihige Anzüge haben grundsätzlich ein fallendes Revers, zweireihige hingegen ein steigendes. Offizielle einreihige Anzüge können auch mit steigendem Revers zugeschnitten werden. Beim einreihigen Smoking und Dinner-Jacket besteht die Alternative des Schalkragens. Die Reversbreite ist ein beliebtes Opfer des Modediktats. Mit einer Bandbreite von 6 cm bis 12 cm für das Revers blei-

ben die Anzüge allen modischen Schwankungen
zum Trotz zeitlos gültig.

Taschen

Grundsätzlich sind aufgesetzte Taschen sportlicher als Pattentaschen. Aufgesetzte Taschen mit
Quetschfalte bilden die sportlichste Variante. Pattentaschen sind für den geschäftlichen Anzug typisch. Sie werden mit einer Brust-Leistentasche
kombiniert. Auf die Billettasche kann gegebenen-
falls verzichtet werden. Die Paspeltasche bleibt
hingegen den offiziellen Anzügen vorbehalten und
ist für diese geradezu ein Muß.

Fauxpas:

- Zweireiher mit Rückenschlitz
- Inoffizielle Anzüge ohne Schlitz
- Offizielle (schwarze) Anzüge mit aufge-
  setzten Taschen
- Inoffizielle Anzüge mit Paspeltaschen

Sport-Anzug
3 aufgesetzte
Taschen, auch
mit 2 augfe-
setzten und
Brustleisten-
tasche möglich

1-reihig
2 Knopf,
fallendes
Façon, auf-
gesetzte
Taschen mit
Quetschfalte

Halboffizieller
Anzug
1-reihig,
steigendes
Façon,
Paspeltaschen

Stadt- und
Geschäftsanzug
1-reihig,
2 Knopf,
fallendes Façon

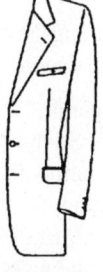

1-reihig
3 Knopf,
fallendes
Façon,
Patten-
taschen

2-reihig
steigendes
Façon
mit oder ohne
Billettasche

Verarbeitung

Die internationalen Anzug-Kollektionen bieten unterschiedlich hochwertige Verarbeitungsstandards an. Insbesondere der Handarbeitsanteil unterscheidet den konfektionierten Anzug vom halbmaßgeschneiderten (Maßkonfektion). Die Krönung der Schneiderkunst ist der Maßanzug. Individuell zugeschnitten garantiert er exakte Paßformgenauigkeit und großen Tragekomfort. Die Oberstoffe und Einlagen werden von Hand vernäht (handpikiert) und mit einem Innenfutter versehen (handstaffiert). Die Maßschneidereien Hellborn, Hannover, Nic Reuter, Düsseldorf, Oscar Lenius, Hamburg und Stollmann, Münster zählen mit den bekannten Ateliers auf der Savile Row, London zu den ersten Adressen.

Höchste Ansprüche müssen nicht nur an Oberstoffe, Futter und Einlagestoffe, sondern auch an die exzellente Verarbeitung gestellt werden. Auf folgende Details ist zu achten:

a) sorgfältiger Zuschnitt, b) erstklassige Roßhaareinlage, c) kleine Stichfolge in allen Nähten, d) hochwertige Baumwoll- oder Viskosefutter, e) echte Büffelhornknöpfe, f) fachgerechtes Formbügeln, g) sorgfältige Endkontrolle, h) Paßformgenauigkeit, i) Tragebequemlichkeit.

Zunehmende Verbreitung findet die Superleicht-Verarbeitung. Ohne jegliche Einlagen in Schultern, Rücken und Brust ist dieses neuartige (Anzugs-)Sakko einzig an der Kragenpartie aufgehängt und bestickt so – wie ein Pullover – durch absolute Leichtigkeit und Tragekomfort. Gleichzeitig zeichnet es sich durch höchst korrekte Optik aus, die durch leicht strukturierte Stoffe und anspruchsvolle schneidermäßige Verarbeitung erreicht wird.

Internationale Kollektionen

Nur die weltbesten Ateliers und Kollektionen garantieren auch in der heutigen Zeit der Massenproduktion diese hochwertigen Verarbeitungsdetails. Dazu gehören unbestritten Brioni, Chester Barrie, Corneliani, Grandelli, Oscar Lenius, Regent, Richard Edking, SØR und Zegna.

Anzugkultur

Frack

Der Frack, um 1740 entstanden, war noch im 18. Jahrhundert ein bequemer, vorn verschließbarer Gebrauchsrock mit schräg weggeschnittenen Vorderschößen. In vielfältigen, aber gedeckten Farben bestimmt er so die Herrenmode bis zur Mitte des 19. Jahrhunderts. Als um 1850 der Cutaway aufkommt und den Frack tagsüber verdrängt, entwickelt er sich zum festlichsten aller Gesellschaftsanzüge für den Abend. Der Frack ist zweireihig, aber nicht zum Zuknöpfen gedacht; die vorn abgeschnittenen Rockschöße laufen hinten in einem Schwalbenschwanz aus. Übrigens darf man sich nicht auf den 'Frackschwanz' setzen, sondern hängt ihn vorsichtig seitlich oder rückwärts über die Stuhlkante.

Zum Frack gehören die tief ausgeschnittene Weste aus steifem Piqué, die nur ein Stückchen unter der Jacke hervorschaut, und ein gestärktes Hemd mit steifer Vorderfront und Zierknöpfen.

Die weiße Schleife zum Stehkragen identifiziert den Träger als Gast – im Gegensatz zur schwarzen Schleife der dienenden 'Frackträger', wie z. B. der Kellner.

Der Frack entspricht gesellschaftlich dem großen Abendkleid der Dame und wird international als "white tie" bezeichnet. Er sollte erst nach 15.00 Uhr und möglichst nicht vor Dunkelheit getragen werden.

Anlaß: Hochoffizielle Abendveranstaltungen, Galabälle, Staatsempfänge, Veranstaltungen von hohem Rang.

Form

Steigende, seidenbesetzte Revers, an den Hüften angesetzter Schoß, der bis zur Kniekehle reicht. Rücken mit typischen Frackabnähern, bis in die Taille reichender Mittelschlitz, Hose mit doppeltem Seidengalon, ohne Umschlag.

Material

Mohair oder feines, leichtes Tuch. Revers aus reiner Seide.

Farbe

Schwarz oder mitternachtsblau.

Accessoires

Frackhemd: steife Hemdbrust mit Waffel Piqué, Klappenkragen, einfache, steife Manschetten mit Knopflöchern, Frackhemd wird mit einer Lasche an der Hose befestigt.

Material: reine Baumwolle, weiß.

Hemdknöpfe: Perlen, Perlmutt oder Goldknöpfe.

Manschettenknöpfe: Edelmetall.

Schleife: weiß, Piqué.

Weste: tief ausgeschnitten, stets sichtbar, weiß, Piqué, schmaler Schalkragen, Rücken aus Futterseide, Baumwolle.

Socken: schwarzer Kniestrumpf aus Seide oder feiner Wolle.

Schuhe: schlichter Lackschuh, schwarz.

Hut: Chapeau claque.

Smoking

Der Smoking entsteht Ende des vorigen Jahrhunderts in den Rauchsalons der englischen Herren. Sie tragen diese bequeme, warm gefütterte Hausjacke, wenn sie sich zum Rauchen (= to smoke) in die Herrensalons zurückziehen. Ursprünglich wird der Smoking also nie in Damengesellschaft übergezogen, wäre doch der Qualmgeruch unzumutbar!

In den USA wird der Smoking nach seinem Debüt 1889 in einem exklusiven Country Club in Tuxedo Park, New York, 'tuxedo' genannt. Dort erregt Criswold Corillard, ein bekannter Dandy, damit großes Aufsehen inmitten der 'vorschriftsmäßigen' Frackanzüge. Der Smoking wird bald darauf als festliches Dinner- und Abendjackett akzeptiert.

Edward VII. (1841–1910) tut ein übriges, den Smoking als 'akzeptable' Gesellschaftskleidung zu verbreiten. Er ist es auch, der zum Smoking das Hemd mit verdeckter Knopfleiste, doppelten französischen Manschetten und plissierter Hemdbrust gesellschaftsfähig macht. Zum Smoking gehören die schwarze Schleife und Weste. Statt einer Weste trägt man auch eine feine Satinschärpe in Farbe und Material der Schleife, den 'Cummerbund'. Der englische Name stammt vom hinduistischen 'Kamarband' ab, eine Schärpenmode, die durch englische Soldaten populär wurde.

Der Smoking entspricht gesellschaftlich dem kleinen Abendkleid und wird auf Einladungen mit "black tie" vermerkt.

Anlaß: Offizielle Abendgesellschaft, Ball, Theater oder kleinere offizielle Veranstaltungen.

Form

Sakko, ein- oder zweireihig, ohne Schlitz, mit steigenden Revers und Seidenbesatz (Spiegel) oder Schalkragen, Paspeltaschen. Hose mit Seidengalon, ohne Umschlag.

Material

Leichter Mohair, feines Tuch.

Farben

Schwarz, mitternachtsblau.

Accessoires

Smokinghemd: mit Umlege- oder Klappenkragen, Biesen, Vorderteil mit Falten oder verdeckter Knopfleiste. Doppelmanschette. Material: Baumwolle, Batist oder reine Seide. Farben: weiß, hellbleu, natur (écru).

Manschettenknöpfe: Edelmetall.

Schleife (handgebunden): reine Seide, Satin, schwarz, mitternachtsblau, weinrot, silbergrau, auch Ton in Ton gemustert.

Weste: tief ausgeschnitten, Material und Farbe des Smoking; alternativ der Cummerbund aus Farbe und Material der Schleife.

Einstecktuch: farblich zum Hemd passend. Baumwolle oder Seide, handgerollt.

Socken: schwarzer oder mitternachtsblauer Knie-
    strumpf aus Seide oder feiner Wolle.

Schuhe: schlicht schwarz.

Hut: Melone, Chapeau claque, Camber, Homburg.

Dinner-Jackett

Der Begriff 'Dinner-Jackett' ist eigentlich irreführend, bezeichnet er doch ein offizielles weißes
Abendjackett, das nicht nur zum Dinner getragen
wird; 'Dinner-Jackett oder nicht' ist nur eine Frage der Örtlichkeit. Die Regel ist ganz einfach: In
geschlossenen Räumen trägt man Smoking, unter freiem Himmel, z. B. auf Gartenfesten oder auf
Seereisen, das weiße Dinner-Jackett.

Anlaß: Sommerfest, Gartenparty, Schiffsreise.

Form

Ein- oder zweireihig, steigende Revers, auch
mit Seide besetzt oder Schalfaçon, ohne
Schlitz, Paspeltaschen.

Material
Leichte Wollstoffe, Tropical, Fresco oder reine Seide.

Farben
Weiß oder écru.

Hose
Smokinghose, schwarz oder mitternachtsblau.

Accessoires

Hemd: Smokinghemd, weiß, hellbleu, écru, Baumwolle oder reine Seide.

Manschettenknöpfe: Edelmetall.

Schleife: Smokingschleife.

Weste: tief ausgeschnitten, Material und Farbe des Dinner-Jacketts; alternativ der Cummerbund aus Farbe und Material der Schleife.

Einstecktuch: Baumwolle oder reine Seide, handgerollt.

Socken: Kniestrümpfe, leichte Wolle, Baumwolle, reine Seide, Farbe wie Hose.

Schuhe: schlicht schwarz.

Hut: Homburg, Eden, Boater.

Cutaway (Cut)

Der Cutaway ist der 'Frack des Tages'. Er ist das festliche Äquivalent des Fracks für hochoffizielle Veranstaltungen bis 18.00 Uhr, die vor 15.00 Uhr begonnen haben.

Mitte des 19. Jahrhunderts hat man in England die vorderen Rockschöße des Gehrocks abgeschnitten, damit sie sich beim Reiten nicht zwischen den Beinen verfingen – der Cutaway war entstanden. Die Schöße des Cutaways setzen nicht wie beim Frack seitlich der Hüfte an, sondern sind vom Schließknopf an bogenförmig nach rückwärts geschnitten.

Früher war der Cutaway stets schwarz, mit einer gestreiften Hose, heute ist auch grau erlaubt. Zum Cutaway gehört immer die umschlaglose Stresemann-Hose, graue Weste, ein ungestärktes Hemd mit Kläppchenkragen und ein graues Plastron oder ein silbergrauer Binder.

Der Cutaway wird auch heute noch zu diplomatischen Empfängen oder bei hochoffiziellen Hochzeiten und Bundestagsempfängen getragen. Zu hochoffiziellen Trauerfeiern wählt man einen schwarzen Cut.

Zum Cutaway gehören Zylinder und Handschuhe, die auch in der Hand getragen werden können.

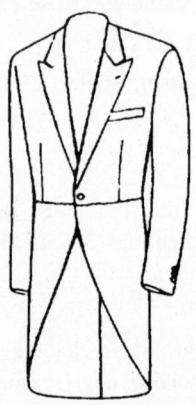

Anlaß: Hochoffizieller Gesellschaftsanzug für den Tag, offizielle Empfänge, Trauungen, Begräbnisse, offizielle Anlässe in der Diplomatie und Politik.

Form

Steigende Revers, Schließknopf über der Taillennaht. Zum Schoßteil durchgehende, geschwungene Vorderkante. Rücken mit Teilungsnähten in der Taille, Schöße reichen bis zur Kniekehle, in die Taille reichender Mittelschlitz.

Hose

Schwarz-grau gestreifte Stresemann-Hose, ohne Umschlag; der Rennbahncut wird aus einem zumeist grauen Stoff gefertigt.

Material

Schwarzes oder marengofarbenes Tuch.

Farben

Schwarz oder marengo.

Accessoires

Hemd: weiß, Baumwolle, Doppelmanschette, mit Umlegekragen oder Klappenkragen.

Manschettenknöpfe: Edelmetall.

Weste: ein- oder zweireihig, perlgrau oder beige; bei Begräbnissen aus dem dunklen Stoff des Rockes.

Krawatte: zum Umlegekragen silbergrau oder grau / schwarz / weiß gemustert aus reiner Seide.

Plastron: zum Klappenkragen, Plastron (reine Seide) in dezentem grauen Muster mit Nadel
(Perle oder Edelstein).

Socken: Kniestrumpf schwarz, dünne Wolle oder
Seide.

Schuhe: schlicht schwarz.

Hut: Zylinder (schwarz oder grau).

Handschuhe: grau, schwarz oder beige, entsprechend der Farbe der Weste.

Stresemann (Bonner Anzug)

Für festliche Anlässe während des Tages ist der
'Stresemann' (Bonner Anzug) die richtige Wahl.
In den zwanziger Jahren entstanden, erhielt er
seinen Namen durch den deutschen Reichskanz-
ler und Außenminister Gustav Stresemann (1878–
1929), der diese 'neue' Variante der Festkleidung
beim damaligen Herrenausstatter Vollmer, heute SØR Wiesbaden, in Auftrag gegeben hat. Der
Stresemann – weniger formell als der Cutaway –
ist der kleine Gesellschaftsanzug für den Tag.
Heute erlebt er eine Renaissance als klassisch-
elegantes Kleidungsstück für den Bräutigam. Dabei wird zum schwarzen oder marengofarbenen
Sakko eine umschlaglose Hose getragen. Die typische Stresemann-Hose aus Streich- und Kammgarnen ist mit schwarz-weiß-grauen Streifen mar-
kant gemustert.

Anlaß: Kleiner Gesellschaftsanzug für den Tag (nicht so offiziell wie der Cut). Empfänge, Konferenzen, Trauungen, Begräbnisse, Taufe, Konfirmation, offizielle Anlässe in der Politik und Diplomatie.

Form

Einreihiger Sakko ohne Schlitz, Paspeltaschen.

Material

Reinwollenes Tuch.

Farben

Schwarz oder marengo.

Hose

Schwarz-grau gestreift.

Accessoires

Hemd: weißes, klassisches Oberhemd mit Umlegekragen und Doppelmanschette.

Manschettenknöpfe: Edelmetall.

Krawatte: dezente Musterung, schwarz-weiß-grau.

Weste: hellgrau (Begräbnis: schwarz).

Einstecktuch: reine Baumwolle, weiß.

Socken: Kniestrümpfe schwarz, aus Wolle.

Schuhe: schwarz, schlichte, glatte Form.

Hut: Zylinder, Bowler, Homburg.

Offizieller Anzug

Anlaß: Kleinere Festlichkeiten und Empfänge (Tag und Abend).

Form

Sakko einreihig mit steigendem Revers und Weste.

Sakko zweireihig, grundsätzlich mit steigendem Revers, ohne Schlitz, mit Pattentaschen, Hose ohne Umschlag.

Material

Mohair, feines Tuch, Fresco.

Farbe

Schwarz.

Accessoires

Hemd: weiß mit Umlegekragen, schlichter Hemdbrust, mit Doppelmanschetten.

Manschettenknöpfe: Edelmetall.

Krawatte: grau, silbergrau, uni oder fein gemustert in schwarz, grau, weiß. Reine Seide, Crêpe de Chine, feiner Rips.

Weste: schwarz aus dem Material des Anzuges oder silbergrau aus feinem Tuch.

Einstecktuch: reine Baumwolle, weiß.

Socken: schwarzer Kniestrumpf aus reiner Seide
oder feiner Wolle.

Schuhe: schlicht schwarz.

Halboffizieller Anzug

Anlaß: Empfänge, Geschäftseröffnungen, Vernis-
sagen, Konferenzen.

Form
Einreihig mit Weste oder zweireihig mit steigendem Revers. Hose ohne Umschlag.

Material
Mohair, Flanell, feine Wolltuche.

Farben
Dunkelblau, dunkelgrau, auch Ton in Ton gemustert.

Accessoires

Hemd: Batist, Baumwoll-Popeline, weiß. Mit
Kentkragen, Doppelmanschette.

Manschettenknöpfe: Edelmetall.

Krawatte: schwarz- oder blaugrundig, dezent gemustert, reine Seide, Crêpe de Chine, feiner
Rips.

Weste: Material und Farbe des Anzuges.

Einstecktuch: reine Baumwolle, Leinen oder reine
Seide, handgerollt, weiß.

Socken: schwarz oder blau zum Anzug abgestimmt. Leichte Wolle oder Baumwolle.

Schuhe: schlicht schwarz.

Stadt- und Geschäftsanzug

Anlaß: Tagesanzug für Beruf, Konferenzen, Gericht, Restaurantbesuche.

Form

Einreihig mit oder ohne Weste oder zweireihig. Hose mit oder ohne Umschlag.

Material

Feine Tuche, Flanell, feine Kammgarne oder Streichgarnqualitäten.

Farben

Grau, blau, braun, auch Mischtöne. Zurückhaltende Musterungen, Streifen, Börsenmuster, feine Glenchecks.

Accessoires

Hemd: weiß, hellblau oder hellbeige, Baumwoll-Popeline, Batist, Fil-à-fil, Millrayé, feine Hemdenstreifen, Kentkragen oder Tabkragen. Doppelmanschette.

Manschettenknöpfe: Edelmetall.

Krawatte: elegante Musterung und Streifen auf Anzugfarbe und Dessinierung abgestimmt. Material: Crêpe de Chine, Gumtwill, feine Seidenrips.

Weste: Material und Farbe des Anzuges.

Einstecktuch: reine Baumwolle, Leinen, Seide, auf Hemd oder Krawatte abgestimmt.

Socken: feine Wolle oder Baumwolle, einfarbig, auf den Anzug abgestimmt.

Schuhe: Budapester, Oxford, Mokassin.

Sportanzug

Anlaß: Ursprünglich für Sport, Freizeit und Reise, heute inoffizieller Tagesanzug.

Sacko: Form
> Einreihig mit fallendem Revers, mit oder ohne Weste, aufgesetzte Taschen oder Pattentaschen; evt.: Lederknopflöcher oder Lederflecken am Ärmel, Rücken- oder Seitenschlitze.
>
> Hose: mit Umschlag am Anzugstoff.

Anzughose: Material
> Cheviot, Donegal, Tweed, sportliche Kamm- oder Streichgarngewebe.

Farben
> Braun, grün, beige, auch blau-grau. Fischgrat, Karos, sportliche Muster.

Accessoires

Hemd: Umlege-, Button-down-, Klammer-, Tabkragen mit Sportmanschette, Baumwoll-Popeline, Oxford, Fil-à-fil, Millrayé, Tattersall; beige, schilf, bleu, weiß, ochsenblut.

Krawatte: reinseidener Rips, Irish Popeline, Gumtwill, Wolle. Strickkrawatten. Farblich abgestimmt in Streifen oder Mustern, Paisley, Madder-Handdruck.

Einstecktuch: in Material und Dessin auf Krawatte oder Hemd abgestimmt.

Pullunder: V-Ausschnitt, Lambswool oder Cashmere.

Socken: Wolle, uni oder Rauten.

Schuhe: Budapester, Derby, Mokassin, Velourle-
derschuh.

Sakkos

Blazer

Anlaß: Im Ursprung eine Clubjacke (mit Clubem-
blem). Die Möglichkeiten, einen Blazer zu tragen und gut gekleidet zu sein, sind heute sehr
breit gefächert. Als Bekleidung für Stadt, Geschäft, Büro, kleine Konferenzen, Reise, Restaurantbesuche und natürlich für den Club-
besuch ist der Blazer ein universelles Beklei-
dungsstück.

Form

Ein- oder zweireihig, aufgesetzte Taschen mit
Knöpfen aus (Edel-)Metall, Email oder Perlmutt. Als Zweireiher immer mit Seitenschlitzen, einreihig mit Seiten- oder Rückenschlitz.

Material

Tuch, Flanell, feine Kammgarne oder Streich-
garngewebe.

Farben

Marine, aber auch schwarz, bordeaux, camel
und dunkelgrün.

Hose

Typisch zum Blazer ist die dunkelgraue Flanellhose mit Umschlag.

Accessoires

Hemd: Formen: Umlegekragen, Tabkragen,
Button-down, Needle-Kragen, Doppel- oder

Sportmanschette, Baumwoll-Popeline, Batist, Millrayé, Oxford, Fil-à-fil, weiß, bleu, ochsenblut, blau-weiß gestreift.

Manschettenknöpfe: Metall.

Krawatte: Seidenrips, Mogador, Irish-Popeline, klassische Clubstreifen, Regimentals, Blazermotive, Wappen (Heraldics).

Pullunder: V-Ausschnitt, Lambswool oder Cashmere.

Socken: Wolle oder Baumwolle. Uni oder Rauten.

Schuhe: schwarz, Budapester oder Mokassin.

Sportsakkos

Anlaß: Ursprünglich für die Freizeit auf dem Lande, heute auch für inoffizielle Businessanlässe.

Form

Einreihig mit fallenden Revers. Seiten- oder Mittelschlitz. Varianten: aufgesetzte Taschen, Billettasche, Lederapplikationen, Norfolk-Rücken.

Material

Sportliche Stoffe aller Gewichtsklassen, Cheviot, Shetland, Donegal, Tweed, aber auch weiche Qualitäten, wie Lambswool und Cashmere.

Farben

Braun, grün, beige oder auch blau/grau oder schwarz/grau.

Form	Knöpfe	Revers	Taschen
Frack	2-reihig ungeschlossen	Satinbesatz steigende Revers	nur Brust-Leisten-tasche
Smoking	1-reihig 2-reihig	steigend oder Schal steigend	Paspeltaschen Brust-Leisten-tasche
Dinner-Jackett	1-reihig 2-reihig	steigend oder Schal steigend	Paspeltaschen Brust-Leisten-tasche
Cutaway (Cut)	1-reihig	steigend 1 Schließ-knopf	nur Brust-Leisten-tasche
Stresemann	1-reihig	steigend	Pattentaschen Brust-Leisten-tasche
Halboffizieller Anzug	1-reihig 2-reihig	fallend oder steigend steigend	Patten oder Paspel Brust-Leisten-tasche
Stadt-/ Geschäfts-anzug	1-reihig 2-reihig	fallend oder steigend steigend	Patten Brust-Leisten-tasche
Sportanzug	1-reihig	fallend	aufgesetzte Tasche, Norfolk Tasche oder Patten taschen mit Brust-Leisten-tasche

Schlitze	Farbe	Dessin	Material	Hose
Schöße mit Mittelschlitz	schwarz mitternachtsblau	uni	Mohair/ Wolle	ohne Umschlag mit doppeltem Seidengalon
ohne	schwarz mitternachtsblau	uni	Mohair/ Wolle/ Seide	ohne Umschlag mit einfachem Galon
ohne	weiß écru	uni	Mohair/ Wolle/ Seide	ohne Umschlag mit einfachem Galon
knielange Schöße	anthrazit schwarz	marengo uni	Wolle	ohne Umschlag Stresemannstreifen
ohne	anthrazit schwarz	marengo uni	Wolle	ohne Umschlag Stresemannstreifen
Rückenschlitz oder ohne Seitenschlitze	dunkelgrau dunkelblau schwarz	uni Streifen Fil-à-fil	Wolle/ Mohair/ Flanell/ Tropical	ohne oder mit Umschlag
Rückenschlitz oder Seitenschlitze	grau blau braun	Glencheck Streifen Hahnentritt Fil-à-fil Pepita Fischgrat	Wolle/ Lambswool/ Baumwolle/ Leinen/ Flanell/ Tropical/ Gabardine/ Cashmere/ Cheviot	mit Umschlag
Seitenschlitze oder Rückenschlitz	braun oliv beige	Glencheck Hahnentritt Pepita Mausezahn Fischgrat	Wolle/ Cashmere/ Baumwolle/ Leinen/ Shetland/ Cheviot Tweed Lambswool	mit Umschlag

Stiltabelle	Anzug
Halboffizieller Anlaß (Vernissagen, Geschäftseröffnungen)	dunkel, zweireihig oder einreihig mit Weste, Pattentaschen, umschlaglose Hose
Offizieller Anlaß (Kleinere Festlichkeiten, Empfänge bei Tag und am Abend)	schwarz, zweireihig oder einreihig mit Weste, Pattentaschen, umschlaglose Hose
Festlicher Anlaß am Tag (Trauungen, Begräbnisse, Empfänge)	Stresemann (Bonner Anzug), schwarz oder marengo, einreihig mit Weste, Pattentaschen, umschlaglose Stresemann-Hose
Festlicher Anlaß am Abend im Haus (Ballett, Theater, Dinner)	Smoking, schwarz, mitternachtsblau, ein- oder zweireihi mit Schalkragen oder Spitzfaçon, umschlaglose Hose mit Seidengalon
Festlicher Anlaß am Abend unter freiem Himmel (Sommerfest, Schiffsreise)	Dinner-Jackett, weiß oder écru ein- oder zweireihig, steigende Revers oder Schalkragen, Paspeltaschen, Smokinghose
Hochoffizieller Anlaß am Tag (Trauungen, Begräbnisse, Empfänge)	Cutaway, schwarz oder marengo, steigende Revers, ein Schließknopf, knielange Schöß umschlaglose graue oder gestreifte Hose, graue Weste
Hochoffizieller Anlaß am Abend (Galadinner, Staatsempfänge)	Frack, steigende, satinbesetzte Revers, Schöße mit Mittelschlitz, Hose mit doppeltem Seidengalon ohne Umschlag

Hemd	Krawatte
weiß, Doppelmanschette Umlegekragen	dunkler Grund, dezente Musterung, Seidenrips, Crêpe de Chine
weiß, Doppelmanschette Umlegekragen	silbergrau, uni oder fein gemustert, schwarz bei Trauer
weiß, Doppelmanschette Umlegekragen	silbergrau, dezente Musterung, schwarz-weiß-grau, schwarz bei Trauer
weiß, hellblau, écru, Doppelmanschette, Kläppchen- oder Umlegekragen, Brustbiesen und verdeckte Knopfleiste	handgebundene Schleife, schwarz, blau oder fa gemustert, Seide
Smokinghemd weiß, hellblau oder écru	schwarze Smokingschleife, Seide
weiß mit Umlegekragen und Doppelmanschette oder einfacher Manschette	silbergrau oder grau-schwarz-weiß, zum Kläppchenkragen Plastron
Frackhemd mit Falten- oder Piquébrust, Kläppchenkragen, Manschetten mit Knopf-löchern	weiße Piqué-Schleife

Stiltabelle	Accessoires
Halboffizieller Anlaß (Vernissagen, Geschäftseröffnungen)	weißes Einstecktuch, schwarz-blaue Kniestrümpfe, schlichte schwarze Schuhe
Offizieller Anlaß (Kleinere Festlichkeiten, Empfänge bei Tag und am Abend)	weißes Einstecktuch, schwarze Kniestrümpfe, schlichte schwarze Schuhe
Festlicher Anlaß am Tag (Trauungen, Begräbnisse, Empfänge)	weißes Einstecktuch, schwarze Kniestrümpfe, schlichte schwarze Schuhe
Festlicher Anlaß am Abend im Haus (Ballett, Theater, Dinner)	farblich dem Hemd entsprechendes Einstecktuch, Weste oder Cummerbund, schwarzer oder blauer Seiden-Kniestrumpf, schlichte schwarze Schuhe oder Lackschuhe
Festlicher Anlaß am Abend unter freiem Himmel (Sommerfest, Schiffsreise)	Einstecktuch, Baumwolle oder Seide, Seiden-Kniestrümpfe in Hosenfarbe, schlichte schwarze Schuhe oder Lackschuhe
Hochoffizieller Anlaß am Tag (Trauungen, Begräbnisse, Empfänge)	dünne schwarze Seiden-Kniestrümpfe, schlichte schwarze Schuhe, Zylinder und graue Handschuhe
Hochoffizieller Anlaß am Abend (Galadinner, Staatsempfänge)	weiße Piqué-Weste, schwarze Seidenstrümpfe, schlichter schwarzer Lackschuh

Die Dessinierungen ergeben sich durch das verwendete Material von uni, Melange, Fischgrat und Karos, wie Oxford und Tartans.

Hose

Einfarbig oder leicht meliert, mit Umschlag. Strapazierfähige Qualitäten, wie z. B. Cavalry-Twill, Gabardine und andere Kammgarnqualitäten, lassen sich farblich gut abstimmen. Eine graue Flanellhose paßt zu jedem Sportsakko.

Accessoires

Hemd: Qualitäten: Oxford, Twill, Fil-à-fil, Popeline. Formen: Kentkragen, Button-down, Tabkragen mit Brusttasche und Sportmanschette. Farblich auf den Stoff des Sakkos abgestimmt. Uni, beige, schilf, bleu oder in sich gemustert. Aber auch feine Hemdenkaros, Tattersallkaros.

Krawatte: reinseidener Rips, Gumtwill, Irish-Popeline, Mogador, Cashmere, Wolle, farblich zum Sakko und Hemd abgestimmt.

Socken: Wolle oder Baumwolle. Uni aber auch Rautenmuster.

Schuhe: Budapester, Oxford, Derby, Mokassin, britischer Rauhlederschuh.

Pullunder: V-Ausschnitt, Lambswool oder Cashmere.

Hose

Historie

Hosen oder 'Beinkleider' sind bereits seit der Bronzezeit bekannt. Von Kelten und Normannen werden uns kniekurze Hosen mit separaten Beinwickeln überliefert. Perser, Chinesen und Mongolen tragen die wadenlange Hose als Zeichen des Kriegers.

Ganz anders bei den Griechen der Antike: dort gilt die Hose als barbarisch.

Im Europa des 15. Jahrhunderts trägt der Herr Beinlinge: oberschenkellange Hosen und Strümpfe, die mit einem Strumpfband am Knie festgehalten werden.

Im 15. und 16. Jahrhundert sind die Hosenformen besonders phantastisch. In der höfischen Kleidung ist die voluminöse 'spanische' Pumphose beliebt; oberschenkellang, aus wertvollem Stoff und dick gepolstert. Im 17. Jahrhundert wird die Mode wieder schlichter: Erkennungszeichen der Revolutionäre ist die 'Pantalon', eine 'bäurische', knöchellange, gerade geschnittene Hose. Seit dieser Zeit heißen die Freiheitskämpfer auch Sansculotten (ohne Kniehosen).

Aus der Pantalon entsteht um 1820 in Deutschland die lange Herrenhose. Sie durchläuft mehrere Modewechsel: mal länger, mal kürzer, enganliegend oder mit weiten, trompetenartigen Hosenbeinen.

Um 1900 ganz neu: die Bügelfalte. Als der Prinz von Wales 1886 bei einem Derby erscheint, gibt es eine kleine Modesensation – trägt er doch zu seinem seidenen Gehrock eine graue Hose, in die bis zum Spann des Lackstiefels eine lange Falte hineingebügelt ist!

Formen

Generell unterscheidet man zwei wichtige Hosenformen: mit oder ohne *Bundfalten*. Aufgrund ihres bequemen, weiten Schnitts hat sich in der klassischen Herrenkleidung heute die Bundfaltenhose durchgesetzt.

Für die Weite der *Hosenbeine* empfiehlt sich eine zeitlos gültige Variante von rund 3/4 der Schuhlänge.

Ein weiteres Hosen-Detail sind die *Taschen.* Anzughosen haben üblicherweise zwei, Einzelhosen eine Gesäßtasche. Eine zusätzliche Uhrtasche ist bei formellen Hosen ein Muß – bei Business-Hosen empfehlenswert.

Als Erfinder des *Hosenaufschlags* gilt der spätere König Edward VII., der beim Betreten eines vom Regen durchweichten Golfplatzes seine Hosenbeine hochkrempelt. Seit dieser Zeit impliziert der Hosenaufschlag eine sportlichere Note.

Offizielle Hosen mit Aufschlag sind deshalb ein echter Fauxpas. Die Hose mit Umschlag gehört grundsätzlich zu Kombinationen (Pullover, Sportsakko, Blazer), Sportanzügen, aber auch zu Zweireihern. Der Hosenaufschlag ist rund 3–4 cm breit; nicht allzu groß gewachsene Herren sollten eine schmalere Variante wählen oder ganz auf den Umschlag verzichten.

Die *Hosenlänge* ist richtig gewählt, wenn das Hosenbein mit einem leichten Knick auf dem Schuhspann aufliegt. Bei aufschlaglosen Hosen fällt die Linie zur Ferse hin schräg nach unten ab, hinten sollte die Hose einige Millimeter länger sein. Hosen mit Aufschlag dürfen etwas kürzer sein.

Material

Wolle

Reine Schurwolle ist ein natürliches, edles Grundmaterial für tragefreundliche Hosen.

– 'Cool Wool' ist das Warenzeichen für Leicht-
  gewichtstoffe aus reiner Schurwolle.

– 'Super 100' ist eine besonders feine Wollquali-
  tät für den Sommer. Hosen aus 'Super 100' haben angenehm kühlende Trageeigenschaften.

Bemerkenswert ist die Knitterunempfindlichkeit.

– 'Super 120' ist die Feinheitsangabe für Garne
erstklassiger Qualität. Die Stärke der Wollfaser
wird in Mikron gemessen. Eine niedrige Mi-
kronzahl signalisiert eine sehr feine Faser. Bei
Super 120 liegt die Wollfaserstärke bei 16,5 bis
17 Mikron. Aus dieser Qualität entstehen sommerlich leichte Stoffe.

– 'High Performance' ist der Markenname für eine besonders hochgezwirnte, feine Wollware.
'High Performance' ist besonders strapazierfähig, knitterunempfindlich und kühl.

– 'Three-Ply': „Drei Fäden" aus feinster, langstapeliger Merino-Wolle werden miteinander
verzwirnt zu einem Garn von größter Elastizität und Strapazierfähigkeit. So entstehen
gleichzeitg ungewöhnlich feine wie strapazierfähige Tuche, die dem Wunsch nach korrekter
und leichter Business-Kleidung gerecht werden.

– Tweed ist ein typisch melangefarbiges Material mit kräftigen Noppen oder Stichelhaaren
als Effekt. Echter Harris Tweed wird nach der
gleichnamigen schottischen Insel benannt.

– Mohair ist das lange, feine und stark glänzende Edelhaar der Angoraziege, das als Beimischung verwendet wird. Wichtige Merkmale
des Mohairs sind Glanz, eleganter Fall und körniger Griff.

- Flanell ist ein klassischer Stoff für Herrenhosen. Der weiche, schmiegsame Griff entsteht durch das Walken feiner Merinowolle.

- Panama: Eine leichte Abwandlung der Leinwandbindung verleiht Stoffen eine besonders interessante Oberfläche. Bei dieser speziellen Webart kreuzen sich jeweils zwei Kett- und zwei Schußfäden. Die so entstehende würfelförmige Struktur wird als Panama bezeichnet.

- Sommerfresko ist Schurwolle im Sommergriff. Es ist ein leinwandbindiges Gewebe aus reiner Schurwolle für sommerlich leichte Hosen. Sommerfresko erhält durch hochverzwirnte Garne eine poröse, leicht strukturierte Oberfläche, die sich durch hohe Strapazierfähigkeit, einen luftig-kühlen Griff und angenehmen Tragekomfort auch an heißen Tagen auszeichnet.

Baumwolle

Baumwolle ist hautsympathisch, fein, luftdurchlässig und wird für sommerliche, sportive Hosen verarbeitet.

- Cord ist ein stark geripptes Baumwollgewebe in unterschiedlichen Farben. Je nach Rippenbreite unterscheidet man zwischen Fein- oder Breitcord.

- Jeansstoff wird auch als Denim bezeichnet. Aus diesem besonders strapazierfähigen geköperten Baumwollstoff schneiderte der gebürtige Bayer Levi Strauss Ende des 19. Jahrhunderts in den USA zum erstenmal Arbeitshosen mit Gürtelschlaufen und äußerer Doppelkappnaht. Traditioneller Bestandteil der nunmehr fast 120 Jahren alten Jeans, jener klassischen, indigoblauen Freizeithose, ist die fünfte, kleine Tasche in der vorderen rechten Hosentasche. Sie ist für Kenner das eindeutige Signal, ein Original in Händen zu halten.

Leinen

Typisch für Leinen ist die effektvolle Gewebestruktur mit den charakteristischen Garnverdikkungen. Leinen ist ein sommerliches, kühlendes Material, das fein knittert.

Farben und Dessins

Uni

Die klassische graue Flanellhose ist die perfekte Ergänzung zum Club-Blazer. Ein weiterer 'Klassiker' ist die unifarbige Baumwollhose als Begleiter des Sportsakkos.

Kariert

Eine karierte Hose setzt einen deutlichen sportiven Akzent. Mit dunklem dezenten Karo, z. B. Black Watch, paßt sie zum sportlichen Blazer, als farbenfrohe Golfhose wird sie zum Pullover oder dem sportlichen Blouson getragen.

Accessoires

Gürtel

Gürtel, die nur dazu dienen, eine Hose zu halten, sind eine Erfindung dieses Jahrhunderts. Sie gelten als praktisch und sportlich und sind strenggenommen aus genau diesem Grund bei offizieller Kleidung ungeeignet.

Der Freizeit-Gürtel darf farbige Akzente setzen – auch sportliche Gürtelschließen sind beliebt. Zum Businessanzug wählt man einen klassisch-schlichten Gürtel, immer dunkler als der Anzug und maximal 3 cm breit.

Wer am Abend den Gürtel einem Hosenträger vorzieht, sollte ein elegantes schwarzes Exemplar aus feinstem Leder mit klassischer Silberschließe wählen.

Grundsätzlich gilt: Der Farbton des Gürtels und der Schuhe sollte ähnlich, aber nicht genau gleich sein (Ausnahme schwarz). Ein Wildledergürtel verlangt einen Wildlederschuh. Das Gürtelende sollte mindestens 5 cm über die Gürtelschließe hinausreichen.

Hosenträger

Während noch vor Jahren der Hosenträger fast ausschließlich bei der Gesellschaftskleidung anzutreffen war, entdeckt ihn heute der Gentleman als bequemes, zeitgemäßes Accessoire.

Anlaß		Form
Offizielle Anlässe	Frackhose	ohne Umschlag doppelter Seidengalon, Uhrentasche, Tunnelbund
	Stresemann-Hose (Cutaway)	ohne Umschlag Tunnelbund
	Smokinghose	ohne Umschlag einfacher Seidengalon, Tunnelbund
Berufliche Anlässe	Hose zum zweireihigen Anzug	Umschlag obligatorisch
	Hose zum einreihigen Anzug	wahlweise mit oder ohne Umschlag
	Blazerhose	Umschlag obligatorisch, Bundfalten
	Hose zum Sportsakko	Umschlag obligatorisch, Bundfalten
Freizeit-Anlässe	Freizeithose	Umschlag obligatorisch, Bundfalten

Farbe	Material	Accessoires
schwarz	Mohair, Schurwolle	Hosenträger, Taschenuhr
schwarz-weiß-graue Stresemannstreifen	Schurwolle	Hosenträger
schwarz, mitternachtsblau	Mohair, Schurwolle	Hosenträger
in Anzugfarbe	Schurwolle, Leinen, Seide, Baumwolle, High Performance	Gürtel, Hosenträger
in Anzugfarbe	Schurwolle, Leinen, Seide, Baumwolle, High Performance	Gürtel, Hosenträger
grau, uni oder dezent kariert	Flanell, Super 100	Gürtel, Hosenträger
uni, kariert	Cool Wool, Flanell, Super 100, Baumwolle, Cord	Gürtel, Hosenträger
uni, kariert, gemustert	Wolle, Baumwolle, Cord, Leinen, Jeans	Gürtel, Hosenträger

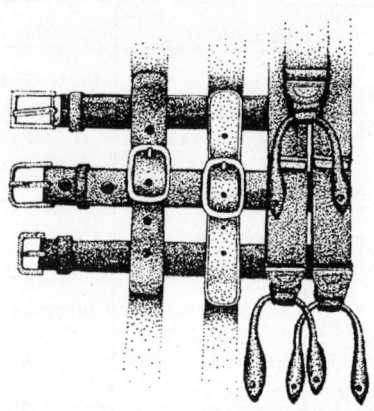

Wer ständig Hosenträger trägt, setzt spezielle Knöpfe an die Innenseite des Hosenbundes. Es gibt auch Exemplare mit Metallklammern. Die Auswahl der Dessins ist vielfältig: klassische Streifen, figürlich oder floral.

Der größte Fauxpas, den man begehen kann, ist, Hosenträger und Gürtel gleichzeitig zu tragen. Wer ständig Hosenträger wählt, sollte daher Hosen mit Tunnelbund bevorzugen.

Fauxpas:
Hosenträger und Gürtel gleichzeitig tragen

Mantel

Historie

Der Mantel ist ein wärmendes Obergewand, das den Menschen und die übrige Kleidung vor den Unbilden des Wetters schützt. Mäntel oder mantelähnliche Formen kennt man in jeder Epoche: von der römischen Toga bis zur mittelalterlichen 'Glocke'.

Mäntel – vom mittellateinischen Wort 'mantellum' – sind im Altertum und Mittelalter ärmellose, rechteckige oder kreisförmige Umhänge mit Vorderverschluß. Später wird mit dem Wort Mantel ein Übergewand mit Ärmeln und Knopfverschluß bezeichnet.

Zu den frühesten uns vom Stil bekannten Obergewändern gehört die römische Toga, Standeszeichen des freien Bürgers. Die Toga ist ein bis zu 3,5 Meter breites und 5 Meter langes Stück Stoff, das man in kunstvollen Falten um den Körper drapiert und mit kleinen Spangen und Gewichten strafft.

Die einfachste Form des Männermantels im Mittelalter ist die Glocke. Dieser runde Umhang mit Kopfloch ist eine Form, die sich bis zum heutigen Tag erhalten hat.

Modetrends beeinflussen die Mantelform bereits in vergangenen Jahrhunderten: Im Biedermeier ist eine Mantelart en vogue, die stark dem Burnus, einem charakteristischen Obergewand der Beduinen, nachempfunden ist.

Nach der irischen Stadt Carrick wird ein bodenlanger Mantel mit einem großen, manchmal doppelt und dreifachen Zierkragen benannt. Um 1800 in ganz Europa verbreitet, lebt er noch lange als typischer und wetterfester Kutschermantel weiter, verschwindet aber vor dem Ersten Weltkrieg.

Mit dem Havelock, Chesterfield und Raglan beeinflussen hervorragende Mantelformen des 19. Jahrhunderts auch heute noch die zeitgenössische Kleidungskultur.

Materialien

Die Wahl des Materials hängt neben der Mantelform immer auch vom Anlaß ab. Mäntel aus edlen Materialien wie Cashmere oder Vikunja sind
leicht und angenehm zu tragen, aber bei weitem
nicht so strapazierfähig wie reine Schurwolle oder
Tweed. Oft werden deshalb Fasermischungen bevorzugt.

Wolle

Wolle ist eine wertvolle Naturfaser mit angenehmen Trageeigenschaften: sie wärmt auch noch im
feuchten Zustand und wirkt durch den natürlichen
Fettgehalt wasserabweisend.

Cashmere

Cashmere stammt von der in China und der Mon-
golei lebenden Cashmere-Ziege. Die Wolle wird
nicht geschoren, sondern sorgfältig ausgekämmt.
Cashmere ist besonders weich und wärmend.

Vikunja

Vikunja wird aufgrund der kostbaren Seltenheit
auch die Wolle der Könige genannt. Das Material
wird aus den an Dornenbüschen hängenbleiben-
den Haaren der Vikunja-Lamas gesponnen.

Kamelhaar

Die bis zu 13 cm langen weichen Flaumhaare einer besonderen Kamel-Rasse bilden die Grundlage des Kamelhaares.

Cheviot

Cheviot ist Wolle von den Schafen aus dem schottischen Cheviot-Gebirge. Man erkennt sie an der
voluminösen, leicht haarigen Optik. Mäntel aus
Cheviot sind besonders unempfindlich und dauer-
haft.

Shetland

Shetland bezeichnet einen melierten, gut gewalk-
ten Streichgarnstoff mit stark verfilztem Faserflor
aus Originalwolle von den Shetland-Inseln.

Loden

Loden ist ein gewalkter und gerauhter Wollstoff.
Ursprünglich wegen wasserabweisender und wärmender Eigenschaften besonders bei Jägern und
in den Alpengebieten beliebt, ist der Lodenmantel
heute ein traditionsreicher, unverwüstlicher Begleiter für den Herrn.

Tweed

Neben Loden ist auch Tweed ein rustikaler Stoff
für lässige, robuste Mäntel. Tweed ist ein rauhes

Gewebe, aus Wollgarnen ungleichen Querschnitts gewebt. Typische Tweeds sind melangeartig hell/dunkel gemustert.

Donegal

Donegal ist ein Tweed-ähnlicher Stoff mit charakteristischen Noppen.

Fischgrat

Der Name beschreibt es treffend: Die feine, zickzackartige Streifenmusterung dieses rustikalen Stoffes erinnert stark an Fischgräten. Fischgrat ist leicht gewalkt und deutlich angerauht.

Baumwolle

Baumwolle ist eine reine Naturfaser mit angenehmen Trage-Eigenschaften. Sie kann auf verschiedenste Weise behandelt werden: Merzerisieren führt zu dauerhaftem Glanz und kräftig leuchtenden Farben; Spezialimprägnierung dagegen macht das Material wasserabweisend.

Popeline

Der Name weist auf den Ort der Entstehung hin: Popeline wird traditionell in Avignon, der ehemaligen päpstlichen Residenzstadt hergestellt. Popeline ist ein feines Gewebe aus Baumwolle, Wolle oder Seide mit mehr oder weniger ausgeprägter ripsartiger Struktur. Baumwoll-Popeline, mer-

zerisiert und wasserabweisend ausgerüstet, ist ein
pflegeleichtes Material für Wettermäntel.

Doubleface

Doubleface ist ein voluminöses Doppelgewebe
aus hochwertigem Streichgarn. Dieser Stoff mit
gedoppelter Ober- und Unterware besitzt besonders wärmende Eigenschaften und eignet sich ausgezeichnet für qualitätsvolle Wintermäntel. Ihre
Form ist in erster Linie bequem. Der Kenner
schätzt sie als Reise- und Sportmantel.

Microfaser

Microfaser-Gewebe bestehen aus chemisch hergestellten, besonders feinen Garnen. Microfasern
sind feiner als alle natürlichen, textilen Rohstoffe,
ungefähr doppelt so fein wie Seide. Sie sind atmungsaktiv, daß heißt, sie halten Regen und Wind
ab, lassen aber gleichzeitig den Schweiß nach außen durch. Microfasern sind seidenweich und besonders fließend.

Belseta

Belseta ist eine ultrafeine Microfaser – viermal
so fein wie ein Spinnenfaden. Belseta ist super-
dicht: Regen und Schnee können nicht durchdrin-
gen, Luft- und Feuchtigkeitsaustausch sind trotzdem gewährleistet.

Farben

Auch bei den Mänteln gilt: Je offizieller der Anlaß, desto dunkler die Farbe.

Bevorzugt werden grau, grün, marine, beigebraun oder schwarz. Der offizielle Herrenmantel ist uni.

Sportliche Mäntel werden häufig aus Tweed gefertigt. Die typisch 'körnige' Musterung betont den inoffiziellen Charakter. Auch die kontrastreichen schwarz-weißen Fischgratmuster oder der noppigmelierte Donegal in Erdtönen sind sehr beliebt.

Wettermäntel wie Trenchcoat oder Slipon werden traditionsgemäß in Beige-grün-braun-Tönen gefertigt. Wendemäntel besitzen häufig eine klassisch-karierte Seite.

Der typische Dufflecoat ist marine, aber auch beige oder braune Töne sind üblich.

Formenkanon

Ob zum Sport-Sakko, Businessanzug oder Pullover – welche Mantelform auch gewählt wird, die erste und wichtigste Aufgabe jedes Mantels ist der Schutz vor Kälte und Nässe. Ob sportlicher Wettermantel oder eleganter Chesterfield – die moderne Kleidungskultur kennt zeitlose Grundtypen für die unterschiedlichen Anlässe. Sicher braucht man nicht alle Mantelformen sein eigen zu nennen – aber die Mär vom 'Allzweckmantel' gehört ins Reich der schlecht gekleideten Männer. Der

anspruchsvolle Herr sollte zumindest unter zwei
Mantelformen wählen können.

Für die Paßform eines Mantels gibt es einige
wichtige Grundregeln: Bei der Anprobe sollen
stets Jackett oder Pullover getragen werden. Nur
wenn der Mantel dann noch perfekt sitzt, wird
er genügend Bequemlichkeit bieten. Wichtig: Der
Mantel sollte, mit der Ausnahme des Kurzman-
tels, stets das Knie bedecken, kürzere Mäntel lassen den Körper zu gedrungen erscheinen. Über
ein Mehr an Länge entscheiden hingegen zeitgenössische Einflüsse. Die Ärmel sollten Jackett und
Hemdsärmel stets verdecken.

Havelock

Nach dem englischen General Sir Henry Havelock
(1795–1857) wird der ärmellose, hüftlange Pele-
rinenmantel benannt, der heute noch, aus schwarzem Wollstoff gearbeitet, als offizieller Frackman-
tel getragen wird.

Der Havelock hat jedoch nicht nur als Frackman-
tel seine klassische Berechtigung, sondern kann
darüber hinaus auch als sportlicher Lodenmantel
getragen werden.

Chesterfield

Der nach dem im 19. Jahrhundert lebenden Earl
of Chesterfield bezeichnete Klassiker wird sowohl
einreihig als auch zweireihig, mit oder ohne Samt-
kragen getragen. Der einreihige Chesterfield kann

mit offener oder verdeckter Knopfleiste ausgestattet werden. Die verdeckte Knopfleiste gestaltet den Chesterfield offizieller.

Dem Formenkanon der Anzüge entsprechend ist der zweireihige Mantel durch steigende, der einreihige Mantel durch fallende Revers charakterisiert. Der Chesterfield hat grundsätzlich einen Rückenschlitz.

Dieser (halb)offizielle Mantel ist mit zwei Pattentaschen und einer Brust-Leistentasche ausgestattet und besticht durch seine schlichte Eleganz.

Stadtmantel

Der Stadtmantel gleicht der Form des Abendmantels: ein schlichter Mantel, ein- oder zweireihig, offene oder verdeckte Knopfleiste, mit oder ohne

Gürtel, der auf stilistische Auffälligkeiten verzichtet. Es gibt Stadtmäntel mit Slipon- oder Reverskragen, Einstück- oder Raglanärmeln.

Der bequeme Raglanschnitt ist einem Mißgeschick von Lord Fitzroy James Henry Somerset Baron Raglan (1788–1855) zu verdanken. Als er 1815 in der Schlacht von Waterloo verwundet wird, muß ihm ein Arm amputiert werden. Um diese Verstümmelung zu verbergen, läßt er den Mantelärmel schräg bis zum Kragen ansetzen. Heute ist der Raglan als Reisemantel beliebt; zumeist durchgeknöpft mit fallendem Revers und Ärmellaschen.

Reisemantel (Sportmantel)

Reise- oder Sportmäntel sind ideal für inoffizielle Anlässe. Kennzeichnend ist der bequeme Schnitt mit Raglan- oder eingesetztem Arm und offener Knopfleiste. All diese Mäntel sind vielseitig praktisch verwendbar.

British Warm

Dem British Warm sieht man seine 'militärische' Vergangenheit an: zweireihige Knöpfe, leicht tailierte Form, schräge Klappentaschen und Schulterklappen erinnern noch heute an die englischen Militärmäntel der ersten Jahrzehnte dieses Jahrhunderts.

Wettermantel

Trenchcoat und Slipon sind die idealen Allwettermäntel für unsere Klimazone: wasserabweisend und wärmend begleiten sie den Herrn zu allen inoffiziellen Anlässen, auf Reisen und beim Sport. Wettermäntel können mit ausknöpfbarem Wollplaid oder Pelzfutter ausgerüstet werden.

Der *Trenchcoat* ist nicht erst seit Humphrey Bogart und 'Casablanca' ein echter Klassiker. Dieser praktische, unverwüstliche, zweireihige Allwettermantel ist nicht zuletzt auch durch seine Filmkarriere als typischer 'Agentenmantel' in aller Welt berühmt geworden.

Der Trenchcoat (engl. to trench – dtsch. graben) wird im Ersten Weltkrieg als wasserabweisender Mantel für englische Soldaten geschaffen. Die metallenen D-Ringe am Gürtel zum Einhaken der Feldflaschen und andere militärische Details wie Armspangen, Rückenkoller, Sturmlasche, geschlossene Gehfalte und Schulterstücke erinnern noch heute daran.

Fauxpas:
Mantelgürtel auf dem Rücken binden

Die einreihige Version des Wettermantels ist der *Slipon*. Es werden Slipons mit Raglan- oder eingesetzten Ärmeln, mit verdeckter oder durchgeknöpfter Leiste unterschieden. Slipons sind weit und bequem geschnitten. Schubtaschen zum

Durchgreifen, zwei große Innentaschen und verstellbare Armspangen kennzeichnen diesen Mantel.

Dufflecoat

Dufflecoat ist die Bezeichnung eines gerade geschnittenen dreiviertellangen Mantels mit Kapuze aus schwerem Wollstoff. Sattelschulter, aufgesetzte Taschen und der originelle Knebelverschluß sind charakteristische Merkmale. Der Name 'Dufflecoat' stammt von einem besonders widerstandsfähigen Wollgewebe, benannt nach der belgischen Stadt Düffel.

Caban

Im Mittelalter kennt man den „Gaban" als knie- bzw. hüftlangen Umhang mit Hängeärmel, der allen Ständen als Regenmantel dient, und vom Adel pelzgefüttert oder -verbrämt getragen wird. Heute ist das Caban ein sportlicher Kurzmantel. Typisch sind zweireihige Knöpfung mit breiten Revers, betonte Taschen sowie die dunkelblaue Farbe, die einen maritimen Touch verleiht.

Internationale Kollektionen

Stilechte klassische Details, gültig interpretiert und hochwertig verarbeitet, charakterisieren die Kollektionen von Amadeus, Aquascutum, Burberrys, Chester Barrie, Grandelli, Herno, Oscar Lenius, Regent, Richard Edking, Schneiders und SØR.

Mantelkultur

Frackmantel (Havelock)

Anlaß: Hochoffizielle Abendveranstaltungen mit Frack.

Form
Ärmellos, einreihig durchgeknöpft, Pelerine.

Material
Schurwolle.

Farbe
Schwarz.

Accessoires
Schal: weißer Seiden- oder Cashmereschal.

Handschuhe: glatte, schwarze Lederhandschuhe.

Hut: Zylinder.

Chesterfield

Anlaß: Offizielle Veranstaltungen, halboffizielle Geschäftsanlässe.

Form
Ein- oder zweireihig, eingesetzte Ärmel, gerade Pattentaschen, Rückenschlitz, gerader oder untaillierter Rumpf.

Material
Bevorzugt werden reines Cashmere, Cashmere/Wolle, Tuch, Alpaka, Camelhaar.

Farben
Grau, anthrazit, marine, schwarz, einfarbig oder Ton in Ton gemustert.

Accessoires

Schal: zum Abendmantel: Cashmere oder reine Seide, weiß, uni; zum Stadtmantel: reine Seide oder Cashmere, uni oder dezent gemustert.

Handschuhe: glatte, schwarze Lederhandschuhe.

Hut: Eden, Homburg, Camber.

Stadtmantel

Anlaß: Halboffizielle, berufliche Anlässe.

Form

Dem Abendmantel vergleichbar, Slipon- oder Reverskragen mit Raglan- oder Einstückärmeln. Rumpf gerade oder weit geschnitten. Der Stadtmantel, mit und ohne Gürtel, verzichtet auf stilistische Auffälligkeiten.

Material

Bevorzugt werden: Reines Cashmere, Cashmere/Wolle, Camelhaar, Alpaka oder dezent einfarbig gemusterte Wollstoffe.

Farbe

Blau, grau, braun, camel, uni oder dezent gemustert.

Accessoires

Schal: Cashmere oder reine Seide, uni oder dezent gemustert.

Handschuhe: glattes Leder, schwarz oder braun.

Hut: Camber, Eden.

Reisemantel (Sportmantel)

Anlaß: Inoffizielle Anlässe, Reisen.

Form

Bequem geschnitten, Raglan- oder eingesetzter Ärmel. British Warmer, Hubertusform, Wendemantel, Trenchcoat, Slipon, mit oder ohne Gürtel.

All diese Mäntel sind vielseitig verwendbar, die praktische Seite steht im Vordergrund.

Material

Als strapazierfähige Stoffe: Tweed, Donegal, Cheviot, Loden, Shetland, Woll-Gabardine, Covercoat-Stoff. Aber auch weiche und flauschige Stoffe, wie Alpaka, Tuch.

Farben

Beige, braun, grün, grau, marine, auch gemustert.

Accessoires

Schal: Cashmere in klassischen Tartans oder gestrickte Wollschals mit Regimentsstreifen. Reine Seide, uni oder gemustert, sportlicher Gumtwill.

Handschuhe: Peccary.

Hut: Snapbream, britische Sportmütze, weicher Taschenhut.

Wettermantel

Anlaß: Inoffizielle Anlässe, Reise und Sport.

Form

   Slipon mit Raglan- oder Einstückärmeln, verdeckter Leiste oder durchgeknöpft; bequemer, weiter Rumpf, Schubtaschen zum Durchgreifen, zwei große Innentaschen, verstellbare Armspangen.

   Trenchcoat, zweireihig mit Gürtel, langem Rücken- oder Fächerschlitz, evtl. Schulterstücke, verstellbare Armschlaufen.

   Wettermäntel sollen die Knie bedecken.

Material

   100 % Baumwoll-Gabardine oder Baumwoll-Popeline, garn- oder stückgefärbt.

Farben

   Beige/grün, grün/beige, auch marine und schwarz.

Accessoires

Schal: Cashmere in klassischen Tartans oder gestrickte Wollschals mit Regimentsstreifen. Reine Seide, uni oder gemustert, sportlicher Gumtwill.

Handschuhe: Peccary.

Dufflecoat

Anlaß: Freizeit und Sport.

Form

   Gerade geschnittener Kurzmantel mit Kapuze, Sattelschulter, aufgesetzten Taschen, Knebelverschlüsse.

Material

Marinetuch, Lammvelours mit gewachsenem Fell.

Farben

Marine, grau, beige, oliv, schwarz.

Accessoires

Schal: Cashmere, Schurwolle, uni oder original schottische Tartans. Strickschals

Handschuhe: Peccary.

Anlaß	Form	Farbe
hochoffizielle Abendveranstaltungen	Frackmantel (Havelock, Pelerinenmantel)	schwarz
(halb-)offizielle Veranstaltungen	Chesterfield	schwarz, dunkelgrau, blau
Business, Tageskleidung	Stadtmantel	blau, grün, braun, beige gemustert
Reise, sportiv, inoffizielle Anlässe	Reisemantel (Sportmantel)	beige, braun, grün, blau, auch gemustert
Reise, Sport, inoffizielle Anlässe	Wettermantel (Trenchcoat, Slipon)	braun, beige, grün
Sport, Freizeit	Dufflecoat (Kurzmantel mit Kapuze)	marine, grau, beige, oliv, schwarz

Material
Schurwolle
100 % Cashmere, Cashmere/Wolle, Camelhaar
100 % Cashmere, Cashmere/Wolle, Camelhaar oder einfarbige Wolle
Strapazierfähige Stoffe: Tweed, Donegal, Cheviot, Loden, Shetland
Baumwoll-Popeline, Pelz- oder Wollfutter
Marinetuch

Hemd

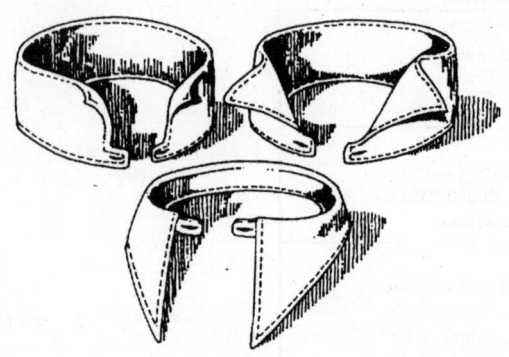

Historie

"Kem", das indogermanische Wort für Hemd, bedeutet "verhüllen, bedecken".

Das Hemd ist in vergangenen Zeiten immer die Kleidungsschicht gewesen, die den Körper direkt bedeckt und damit eine zweite Haut bildet.

"Haut" heißt übrigens auf althochdeutsch "hemedi". Die Wortverwandtschaft zu "Hemd" ist offensichtlich. Diese zweite Haut dient ursprünglich jedoch nicht als Schutz vor Kälte, sondern bewahrt die wertvollen Obergewänder vor Schweiß und Körpergeruch und die zarte Haut vor groben Stoffen. Diese Funktion wird seit dem 19. Jahrhundert vom Unterhemd erfüllt.

Das Hemd ist zugleich immer auch Statussymbol gewesen – nicht nur wegen kostbarer Stoffe und

Spitzen. Nur wer in den ärmeren sozialen Schichten zur körperlichen Arbeit gezwungen wird, zeigt sich "hemdsärmelig" in der Öffentlichkeit. Noch in den 50er Jahren dieses Jahrhunderts ist es unschicklich, sich in Gegenwart einer Dame "nur" im Oberhemd zu zeigen.

Fast alle Kulturen kennen das Hemd: zumeist ist es ein einfaches, gerade geschnittenes tunikaähnliches Gewand aus Wolle, später auch aus Baumwolle oder Seide, an Ärmel und Hals mit Zugbändern zusammengeschnürt. Kragen und Manschetten entstehen als eine Art "Kratzschutz" für die harten Stoffkanten und werden von der Mode vielfältig variiert.

Das Mittelalter bevorzugt Hemden mit kurzen Ärmeln. Zumeist als mehr oder minder lange Kittel aus Wolle, Leinen oder Seide. Diese Stücke werden als Obergewand, in späterer Zeit als Untergewand und seit dem 15. Jahrhundert als Leibwäsche benutzt.

Die höheren Stände tragen Seidenhemden. Diese sind über den Kopf zu ziehen und vorn mit einem kurzen Brustschlitz versehen.

Mit den Landsknechten des 30jährigen Krieges kommt eine neue Mode auf, die das Hemd ins Rampenlicht treten läßt: Aus den Schlitzen eines engen, geschnürten Wamses quillt der wertvolle Hemdstoff üppig gebauscht hervor. Mit dem weiter herabrutschenden Halsausschnitt der späteren Mode ist die Möglichkeit der "Kragenverzierungen" größer: Zeitweise sind sogenannte "Mühl-

radkragen" modern, in denen bis zu 17 Meter ge-
stärkter und gefältelter Spitze verarbeitet werden.
Um 1620 wechselt die Kragenmode. Mit den kleiner werdenden Frisuren der Männer werden auch
die Kragen wieder kleiner: Man(n) trägt angeknöpfte Stehkragen mit Jabot.

Aus den Rüschenverzierungen wird nach und nach
die steife, gefältelte Hemdbrust. Ärmere Kreise
helfen sich mit einem Trick, um (teuren) Stoff zu
sparen: Über ein Hemd aus einfachem Stoff wird
die Chemisette angeknöpft. Auch Stehkragen und
Manschette sind – wie üblich – anknöpfbar. Bis
1850 ist der angeknöpfte hohe Stehkragen, der
"Vatermörder", ein Muß für den eleganten Herrn.
Zwar gibt es schon umgeschlagene Kragen, doch
die sind der Freizeit vorbehalten.

Gestärkte Hemden und Kragen sind bis in die 40er
Jahre unseres Jahrhunderts üblich. Eine bahnbre-
chende Neuerung führt man um 1900 ein – das
Hemd bekommt eine durchgehende Knopfleiste,
muß also nicht mehr über den Kopf gezogen werden.

In den letzten Jahrzehnten ist das Hemd durch die
vielfältigsten Modetendenzen beeinflußt. Farbe,
Dessins, Kragen- und Manschettenformen wechseln oft.

Material

Baumwoll-Batist

Baumwolle ist atmungsaktiv und weist als natürlicher Hemdenstoff zahlreiche angenehme Trageeigenschaften auf. Baumwoll-Batist ist ein leichtes, feines und durchscheinendes Leinwandgewebe aus feinen hochwertigen Garnen. Feinster Mako-Batist (Schweizer Batist) ist eine besondere Qualität aus langstapeliger ägyptischer Baumwolle.

Baumwoll-Popeline

Popeline ist ein Gewebe mit gezwirntem Schuß und schwachem Rippeneffekt, der durch doppelt so viele Kett- wie Schußfäden entsteht. Eine der besten Qualitäten ist "Sea-Island", eine amerikanische Baumwoll-Sorte mit einer Stapellänge von 50–53 mm.

Der Einfach-Popeline besteht aus nicht gezwirnten Garnen. Beim Halbzwirn-Popeline besteht der Kettfaden aus Zwirn, der Schußfaden aus einfachem Garn. Beim Vollzwirn-Popeline besteht der Kettfaden und der Schußfaden aus gezwirnten Garnen.

Oxford

Oxford ist ein buntgewebter, strukturierter Baumwollstoff für sportliche (Business-)Hemden.

Baumwollflanell

Baumwollflanell ist eine Stoffqualität, die durch Anwalken aufgerauht wird, ohne die Faser anzugreifen. Dadurch entsteht ein auf beiden Seiten weiches Oberflächenbild. Baumwollflanell ist besonders weich und wärmend.

Leinen

Leinenhemden sind durch ihre hohe Luftdurchlässigkeit und die angenehmen Trageeigenschaften besonders geeignet für den Sommer.

Seide

Seide ist ein angenehmer, luxuriöser Hemdenstoff. Shantung-Seide bezeichnet grobe Wildseide, Crêpe de Chine besteht aus gezwirnten, fein gekrumpften Seidenfäden. Vorgewaschene Seide empfiehlt sich für sportliche Hemden.

Wolle

Wollhemden werden aus feinen Wollkammgarnqualitäten gefertigt. Hochwertige Mischqualitäten sind Wolle/Cashmere, Wolle/Seide und Wolle/Baumwolle (Viyella). Flanellhemden werden auch aus Wolle gefertigt.

Interlock

Polohemden, T-Shirts und auch Freizeitpullover erhalten durch diese spezielle Wirkart eine besonders hohe Elastizität. Beim Wirken verkreuzen sich die Fäden nicht wie bei Gewebtem rechtwinkelig, sondern verschlingen sich zu maschenförmigen Fadenschleifen. Gewirkte Stoffe sind dadurch dehnbar und ziehen sich immer wieder selber in Form.

Jeanshemd

Das Jeanshemd entwickelt sich zum informellen Freizeitklassiker aller Klassen. Button-Down-Kragen, einfache Sportmanschetten, Doppelkappnähte und zwei geknöpfte Brusttaschen geben dem Hemd aus weichem, feinerem Baumwoll-Jeansstoff – gegenüber der Hose aus Denim – den typisch sportiven Touch.

Dessins

Unis

Natürlich gibt es zu allen Zeiten auch farbige Hemden, doch klassisches Weiß war und ist die dominierende Farbe für den Gentleman. Mit Beginn der Industrialisierung wird der weiße Kragen Erkennungszeichen des höheren Angestellten (white collar worker) im Gegensatz zum Arbeiter (blue collar worker). Heute sind sanfte Unitöne in allen Farben für Business-Hemden möglich. Sporthemden variieren auch kräftigere Töne.

Zunehmend werden zum Einfärben der Stoffe ökologische Färbemittel wie Indigo, Konchylie

(das Gehäuse der Marienkäfer) oder Pflanzen-
rinden verwendet. Umweltbelastende chemische
Farbsubstanzen sind auf dem Rückzug.

Streifen

Um 1870 werden gestreifte Sporthemden, "Regat-
ta Shirts", hochmodern. In die klassische Hem-
denparade werden sie mit weißen Kragen und
Manschetten aufgenommen.

Römerstreifen

Gleichmäßige, breite Parallelstreifen in satten Ko-
lorierungen werden als Römerstreifen bezeichnet.

Millrayé

Sehr fein gestellte Parallelstreifen in Kettrichtung
heißen Millrayé.

End-in-end (Baumwoll Fil-à-fil)

Baumwollstoff mit treppenförmiger Kleinmuste-
rung, bei dem der Kettfaden hell-dunkel wechselt
(Köperbindung).

Tattersall

Musterung für Sporthemden. Meist zweifarbige
Fadenkaros auf hellem Grund mit ca. 2 cm großen
Rapports.

Madras

Vielfarbige, großzügige und leicht verschwomme-
ne Karomusterung auf leichten Baumwollgewe-
ben.

Vichy-Karo

Diese karierten Baumwollstoffe machen bereits in
den 60er Jahren Karriere. Vichy-Karos sind zwei-
farbig, sehr klein gestellt bei gleicher Karogröße.
Man wähle zum Hemd keine Krawatte, sondern
ein Halstuch im offenen Kragen.

Fancies

Sport- und Freizeithemden finden sich heute in
den phantasievollsten Musterungen – vom klassischen Schottenkaro über florale Hawaiihemden
bis zu Paisley-Motiven.

Kragenformen

Umlegekragen

Der Umlegekragen ist als universelle Kragenform
in vielerlei Größen und Formen erhältlich. Seine
Kragenschenkel variieren von kurz und breit bis
lang und schmal (Cutaway – Turndown).

Kläppchenkragen (Frackkragen)

Der Kläppchenkragen ist der elegante Kragen zum
Frack, Smoking und Cutaway.

Tabkragen (Laschenkragen)

Die eckigen oder abgerundeten Kragenschenkel
werden mit einem geknöpften Riegel unter dem
Krawattenknoten verbunden. Der Tab umschließt
die Krawatte und liegt eng am Hals an.

Nadelkragen (Needle, Pin)

Der Kragen ist durch speziell gesäumte Lochungen für die Befestigung der Kragennadel gekennzeichnet. Der Nadelkragen hat spezielle Löcher
für die Befestigung der Kragennadel.

Klammerkragen

Eine Kragenklammer kann zu jedem Standard-
kragen getragen werden, solange die Schenkel
nicht allzu weit auseinanderstehen. Ein Button-
down-Kragen wird nicht zusätzlich mit Nadel
oder Klammer versehen.

Button-down-Kragen

Der sportive Button-down-Kragen ist auf den Po-
lofeldern Englands entstanden. Die Spieler knöpfen sich beide Kragenschenkel an das Hemd, damit sie nicht im Winde flattern.

Freizeithemden

Typisch für Freizeithemden sind phantasievolle Stoff- und Musterkombinationen mit offenem Kragen.

Hawaiihemd

Ein zeitloser Klassiker ist das beliebte Hawaiihemd mit seinen auffälligen floralen Motiven.

Polohemd

Das Polohemd entstammt der englischen Besatzungszeit in Indien. Die polospielenden Engländer tragen Hemden aus Trikotstoff mit kleiner Knopfleiste, kurzen Ärmeln und weichem Kragen. Heute wird das Polohemd als universelles Freizeithemd getragen.

Manschettenformen

Grundsätzlich werden zwei Manschettenformen unterschieden.

Umschlagmanschetten

Die eleganteste ist die französische Umschlagmanschette (doppelte Manschette), die stets von Manschettenknöpfen geschlossen wird. Abzulehnen ist die "Sparvariante" einer einfachen Manschette für Manschettenknöpfe.

Sportmanschetten

Die "einfache" Sportmanschette ist weit verbreitet, empfiehlt sich aber nur für inoffizielle Hemden. Es gibt sie als Ein-Knopf- oder als Zwei-Knopf-Variante.

Taschen

Hemdtaschen entstehen erst mit dem Wegfall der Weste. Das elegante Smokinghemd hat keine Taschen, zum Business-Outfit kann man Hemden mit einer Tasche tragen; nur Sporthemden haben zwei Taschen. Auf oder unter der Hemdtasche kann das gestickte Monogramm plaziert werden.

Fauxpas:

– Button-Down zu (halb)offiziellen Anlässen
– Sportmanschette zu offiziellen Anlässen
– Einfache Manschetten für Manschettenknöpfe

Paßform

Kragenpaßform

Welche Kragenform man wählt, ist vom Anlaß und von der Figur des Herrn abhängig. Herren mit langem Hals werden hohe Kragenformen, Herren mit massigerem Hals niedrigere Kragen empfohlen. Grundsätzlich gilt: Der Kragen darf nicht zu eng sitzen und den Hals einschnüren.

Sie messen Ihre Kragenweite richtig, wenn Sie das Maßband um den unteren Teil Ihres Halses in Höhe Ihres Kragenknopfes legen. Die Enden des locker den Hals umschließenden Maßbandes sollten leicht aneinanderstoßen. Berücksichtigen Sie ein wenig Spielraum, damit Sie der Kragen nicht einengen kann.

Ärmel- und Manschettenpaßform

Die Ärmellänge wird vom höchsten Punkt des Ärmelansatzes bis zur Unterkante Manschette gemessen.

Ihre Manschette sollte anliegen, jedoch noch bequem sitzen und mindestens 1 cm unter dem Anzugärmel hervorschauen.

Rumpfpaßform

Nicht nur die Kragen-, Ärmel- und Manschettenpaßformen, sondern auch die Taillierung (Rumpfpaßform) sind für den guten Sitz eines Hemdes entscheidend. Unterschiedliche Weitenmaße entscheiden über die individuelle Paßform.

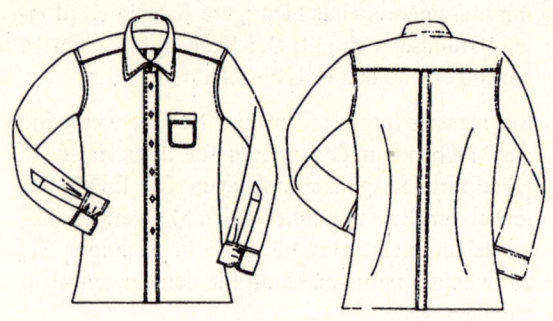

Verarbeitung

International gültige Hemdenfabrikate bieten mehrere hochwertige Verarbeitungs-Standards an: vom konfektionierten über das halbmaßgeschneiderte zum maßgeschneiderten Oberhemd. Dabei können die unterschiedlichen o.a. Varianten der Größe, Kragenhöhe, Form und des Schnitts selbst bestimmt werden.

Viele kleine Details bestimmen die Wertigkeit eines Oberhemdes.

Auf folgende kleine Verarbeitungsmerkmale ist zu achten:

Kappnaht

Hier werden sämtliche Nähte gekappt und mit einem Doppelstich genäht.

Einlagen

Kragen- und Manschetteneinlagen sind besonders weich und bieten einen besseren Tragekomfort.

Zweistückkragen

Diese Kragenverarbeitung ist eine speziell patentierte Entwicklung der Firma van Laack. Dieser Kragen wird auch für alle SØR-Hemden verwandt. Er garantiert einen bequemen und korrekten Sitz.

Perlmutt

Qualitätsvolle Hemden sind mit Perlmuttknöpfen versehen.

Stichdichte

Auf eine hohe Stichdichte der Nähte (auf 1 cm möglichst 8 Stiche) ist zu achten.

Kragenstäbchen

Kragenstäbchen werden lose eingearbeitet.

	Kragen	Manschette
Frack	Kläppchen-kragen	einfache steife Manschette
Smoking	Kläppchenkragen Umlegekragen	Doppel-manschette
Dinner-Jackett	Kläppchenkragen Umlegekragen	Doppel-manschette
Cutaway	Umlegekragen Kläppchenkragen	Doppel-manschette
Stresemann	Umlegekragen	Doppel-manschette
Stadt-/ Geschäftsanzug	Umlegekragen Kentkragen Tabkragen Klammkragen	Doppel-manschette Sportmanschette
Blazer	Umlegekragen Tabkragen Button-down Nadel-Kragen Klammkragen	Doppel-manschette Sportmanschette
Sportanzug	Umlegekragen Button-down Tabkragen Klammkragen	Sportmanschette
Sportsakko	Umlegekragen Button-down Tabkragen Klammkragen	Sportmanschette

Material	Dessin	Farbe
Baumwoll-Batist	uni, Brust-Waffelpiqué	weiß, champagner
Baumwoll-Batist	uni, Brust-Biesen verdeckte Leiste	weiß, champagner, bleu
Baumwoll-Batist	uni	bleu, champagner
Baumwoll-Batist	uni	weiß
Baumwoll-Batist	uni	weiß
Baumwoll-Batist	uni Millrayé Fil-à-fil Streifen	weiß, bleu, beige
Baumwoll-Batist Baumwoll-Popeline	uni Fil-à-fil Millrayé Römerstreifen	weiß, bleu, beige, ochsenblut
Baumwoll-Popeline Baumwoll-Oxford	uni, Tattersall Fil-à-fil Millrayé Streifen	weiß, blau, beige grün, ochsenblut
Baumwoll-Oxford Baumwoll-Popeline Baumwoll-Twill	uni, Fil-à-fil Millrayé Tattersall Streifen	weiß, blau, beige, grün, ochsenblut

Internationale Kollektionen

Die hohe Schule der Hemdenkunst wird bis in die heutige postmoderne Zeit von folgenden Markenfabrikanten bewahrt: Burini, Brioni, Diamants, Friedman, Grandelli, Lorenzini, Oscar Lenius, Richard Edking, SØR, van Laack und Lundwall & Adami.

Krawatte

Historie

Kroatischen Kriegern des 17. Jahrhunderts ist es zu verdanken, daß heute 600 Millionen Männer dieser Welt Krawatte tragen. Die Wortgeschichte der Krawatte führt uns in das 14. Jahrhundert. Die frühest bekannte Erwähnung der "cravate" ist vom französischen Balladendichter Eustache Deschamps (1340–1407) überliefert. Cesare Vecellio (1530–1606) berichtet in seiner Kostümkunde "Degli abiti antichi e moderni in diversi parte del mondo" über die "cravata" der römischen Soldaten. Diese "focale" (lat.: "fauces" Kehle, Hals) ist seit Beginn der christlichen Zeitrechnung bekannt. Thronfiguren aus dem 3. Jahrhundert v. Chr. zeigen Soldaten des chinesischen Kaisers Shih Huang-ti, Erbauer der großen Mauer, die eine Halsbinde tragen. Frühere Belege für "Krawattenträger" sind kostümgeschichtlich nicht überliefert.

Dieser kurze historische Exkurs verdeutlicht, daß Begriff und Gebrauch der Krawatte ihren Ursprung nicht, wie vielfach angenommen, bei den kroatischen Kriegern haben. Unbestritten ist jedoch die Bedeutung der Kroaten für die Verbreitung der Krawatte in der westlichen Welt. Nur in Kroatien, einer alten römischen Provinz, bleibt die antike Tradition der "focale" auch während des Mittelalters erhalten. Bis zum Anbruch der Neuzeit trägt man den Hals mittelalterlich frei. In der Renaissance kommen dann der Ring-

kragen und die starre Halskrause (Kroese) auf.
Dieses charakteristische Element der spanischen
Tracht verbreitet sich schnell. Bald jedoch wird
der beengende Mühlsteinkragen im Dreißigjähri-
gen Krieg durch den breiten Umlegekragen verdrängt. Die Umlegekragen bedürfen des täglichen
Bügelns und Stärkens. Diese umständliche Pfle-
ge macht die französischen Soldaten für die pfle-
geleichten, kroatischen Halstücher empfänglich.
Ein- oder zweimal um den Hals geschlungen, werden die Krawatten nur leicht geknotet. Offiziere
tragen sie aus Musselin oder Seide, einfache Soldaten müssen sich mit Leinenkrawatten beschei-
den. Mit der Rekrutierung kroatischer Söldner er-
obern diese Krawatten in Windeseile ganz Europa. Unter Ludwig XIV. wird in den 60er Jahren
des 17. Jahrhunderts in Frankreich das kroatische
Reiterregiment "Royal Cravate" gegründet.

Nicht nur Offiziere und Soldaten, auch Ludwig XIV. selbst entwickelt eine Krawattenleiden-
schaft. "Jeden Morgen präsentierte ihm der eigens
dazu angestellte Cravatier einen Korb Krawatten,
die mit hochroten, scharlachfarbenen, orangefar-
benen oder hellblauen Bändern verziert waren.
Der König wählte sich eine aus, schlang selber
den Knoten und überließ es dann dem Cravatier,
sie gefällig anzuordnen" (A. Varron). Zu dieser
Zeit weilt der von Cromwell vertriebene englische
Thronerbe Charles II. (1660–1685) am französischen Hof. Auch er ist von den buntfarbenen Krawatten fasziniert.

1692 ist ein wichtiges Datum für die Krawatte. Am frühen Augustmorgen werden die französischen Truppen in der Nähe des belgischen Ortes Steinkerque (Steenkerken) überfallen. Es bleibt keine Zeit mehr, die Krawatten zu binden; lose werden sie umgeschlungen und an den Enden zur Befestigung durch ein Uniformknopfloch gezogen. Die Steinkirk breitet sich schnell auch nach Amerika aus. Die Krawatte wird international.

Während der Herrschaft Philipp von Orléans (1715–1723) wird die Steinkerke von einem langen, schräg geschnittenen Musselinstreifen verdrängt, der auf Patten aufgenäht hinten am Halse verknotet wird. In der ersten Hälfte des 18. Jahrhunderts kommen auch schwere, breit herabhängende Krawatten à la chancelière (Fussack) auf. Das 18. Jahrhundert ist von einem hektischen Wechsel der Krawattenmode geprägt, die zunehmend politisiert wird. In der Schreckenszeit der Jahre 1749–1793 kleidet sich die adelige Jeunesse doreé royalistisch. Diese Muskadins tragen eine grüne Krawatte als Ausdruck ihrer royalistischen Treue. Die Incroyables des Direktoriums (1795–1799) schlingen sich ihre gestreiften Krawatten bis zur Unterlippe hinauf und werden damit zum Opfer der Karrikaturisten. Ohne Krawatte (sans cravate) kleiden sich die französischen Revolutionäre. Jegliche Krawatte ist als aristokratische Attitude verpönt. Der Revolutionär schlägt den Hemdkragen weit zurück und zeigt Hals. Nachlässig um den Hals geschwungene, grobe Tücher werden geduldet. Robespierre und seine Gefolgschaft hinge-

gen kleiden sich korrekt: tadellose weiße Krawatte
zum gefalteten Jabot.

Die Schicht der jungen Elegants entwickelt in
England das Dandytum, dessen Ursprung man-
che im französischen Exil des Stewartkönigs
Charles II. sehen, der vielen als erster Dandy gilt.
Die "grand tour" durch Europa führt den englischen Dandy auch nach Italien und Frankreich.
In London schließen sie sich zum Makkaroni-
Club zusammen und bringen südliche Élégance
in ihre verregnete Heimat. Von 1770–1790 tragen
die Dandys des Makkaroni-Clubs weiße Krawatten, die zur Schleife geschlungen werden. Nach
1790 bringen die Makkaronis die französische
Hasenohr-Krawatte der Incroyables mit nach London und werden auf der Insel erneut zum Trend-
setter. George Bryan Brummel (1778–1840) wird
Anfang des 19. Jahrhunderts zum ungekrönten
Dandy-König. Die sonntäglich aufgeputzten und
exzentrischen französischen Elegants erscheinen
ihm "endimanchés". Brummel verzichtet auf extreme Modetorheiten und formuliert den noch
heute gültigen Grundsatz: "Ein Zeichen, daß man
sich gut kleidet, ist, wenn man nicht auffällt!"
Brummel berät König George IV.: Das Binden der
weißen Krawatte wird zum Höhepunkt des täglichen "Lever".

Der deutsche Patriotismus hingegen verweigert
sich der fremdländischen, französischen Mode.
Ernst Moritz Arndt (1769–1860) fordert in seinem
"Wort über Sitte, Mode und Kleidertracht" die
"altteutsche Tracht" mit freiem Hemdkragen oh-

ne knechtisches Tuch um den Hals. "Man sagt im gemeinen Sprichwort, Kleider machen Leute, ich sage, Kleider machen Menschen!" Kleidung wird auch in Deutschland zum Ausdruck der Gesinnung. Mittelalterliche Gewänder mit umgelegtem Hemdkragen, ohne Krawatte, verbreiten sich vor allem unter den Studenten. Wilhelm III. (1797–1840) verbietet diese "altteutsche Tracht" im Jahre 1820 als "aufrührerisch". Der hohe, steife Kragen mit Vatermörder und tadelloser Krawatte wird zur "staatserhaltenden" Kleidung deklariert.

Seit der frühviktorianischen Zeit verlangt die englische Etikette auf dem Kutschbock einen schlanken, vertikalen Langbinder. Die noch heute verbreitete Krawattensilhouette entsteht Mitte des 19. Jahrhunderts und wird wie die vierspännige Kutsche als "Four-in-hand" bezeichnet. Mit der Industrialisierung beginnt der Siegeszug des Jacquard-Webstuhls, mit dem farbig gemusterte Seidengewebe auch mechanisch hergestellt werden können. Seit dieser Zeit ziert eine Fülle farbenfroher Musterungen und Ornamente die Krawatte. Der lange Schlips (engl.: slip, Bezeichnung für Matrosenknoten) hat sich um 1900 weltweit durchgesetzt und wird zum klassischen Schmuck des Mannes. Von der "achtundsechziger Generation" als "Kulturstrick" verpönt und als Ausdruck des Establishments geschmäht, ist die Krawatte heute weiter verbreitet denn je.

Formen und Knoten

Kostümgeschichtlich umfaßt der Begriff "Krawatte" im Gegensatz zur Umgangssprache alle Formen der Langbinder (Schlipse) und Querbinder (Schleifen) sowie Plastrons, Halstücher und Krawattenschals. Die Schleife wird als "Königin der Krawatten" bezeichnet. Schlipse sind 140–150 cm lang und 6–11 cm breit; stärkere Extreme verlieren schnell ihre modische Gültigkeit. Die Krawatte sollte so gebunden werden, daß die Krawattenspitze in der Höhe des Hosenbundes endet.

Die Kunst des Krawattenbindens hat seit dem Beginn des 19. Jahrhunderts zu einer Vielfalt von Veröffentlichungen geführt. 1818 erscheint die "Necklothiana or Tietania", 1823 die französische Ausgabe als "Cravatiana ou Traité général des Cravates", 1828 "L'Art de mettre sa Cravate", die in achtzehn Lektionen diese Kunstfertigkeit unterrichtet und in einem Dutzend Auflagen innerhalb weniger Jahre mit vielen Übersetzungen ediert wird. Vermutlich ist Honoré de Balzac (1799–1850) Autor dieses pseudonym erschienenen Werkes. Er prägt auch den Aphorismus: La cravate, c'est l'homme!

Die Kunst des Krawattenbindens kann in teuren Seminaren erlernt werden: Etienne Demarelli veranstaltet 1804 Krawattenkurse, die Stunde für 9 Franken. Dem englischen Nachwuchs wird die Kunst für einen Guinee von professionellen Kammerdienern beigebracht.

Das Binden von Krawatten und Schleifen

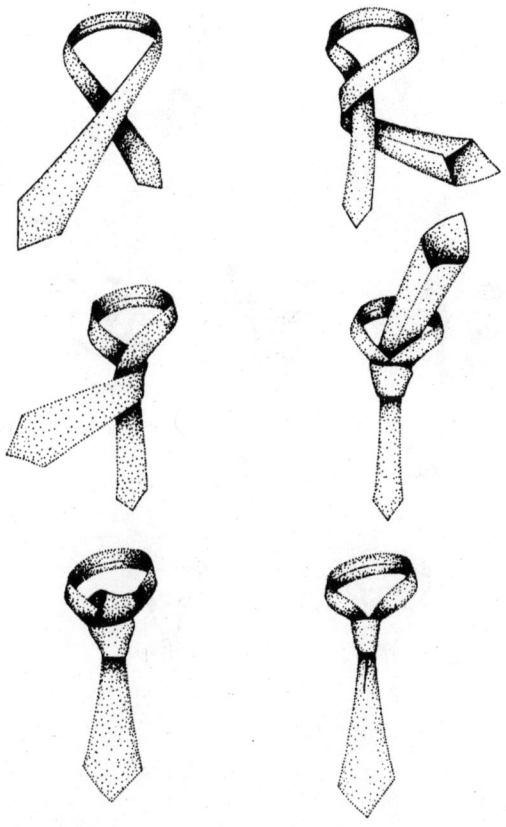

Der asymmetrische, einfache Four-in-hand-Knoten

Das Binden von Krawatten und Schleifen

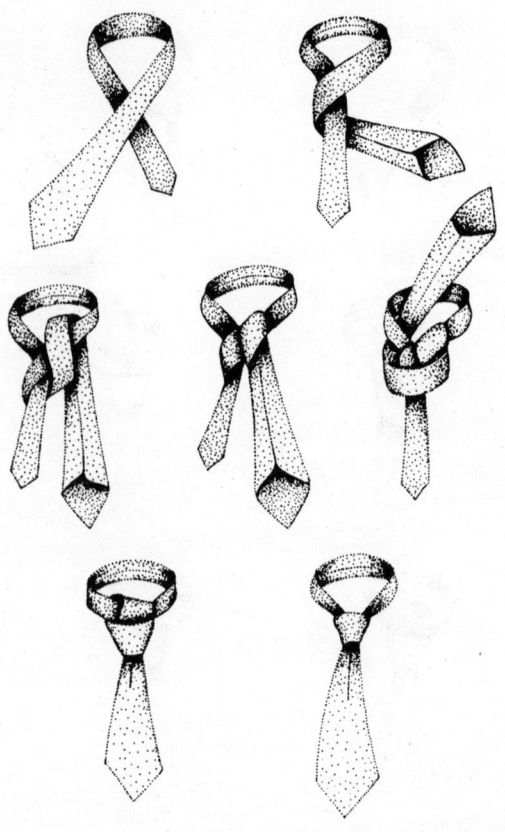

Der symmetrische, einfache Windsor-Knoten

Das Binden von Krawatten und Schleifen

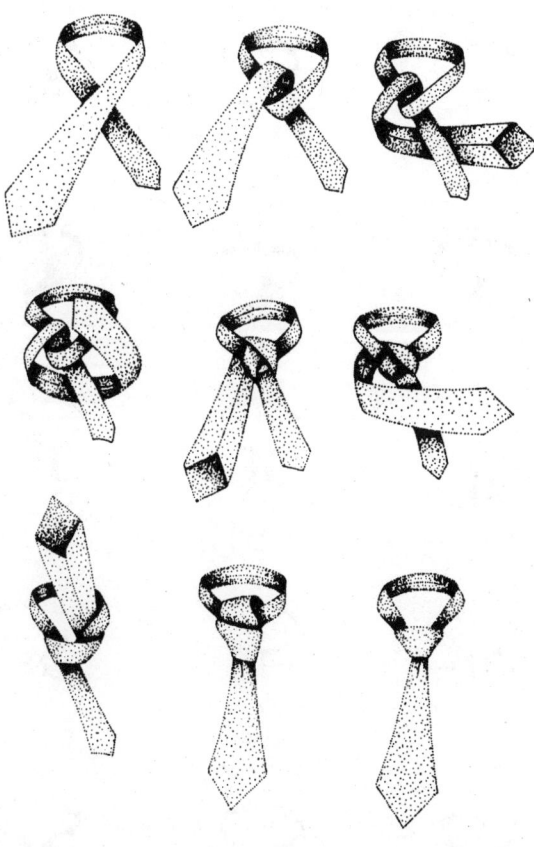

Der symmetrische, doppelte Windsor-Knoten

Das Binden von Krawatten und Schleifen

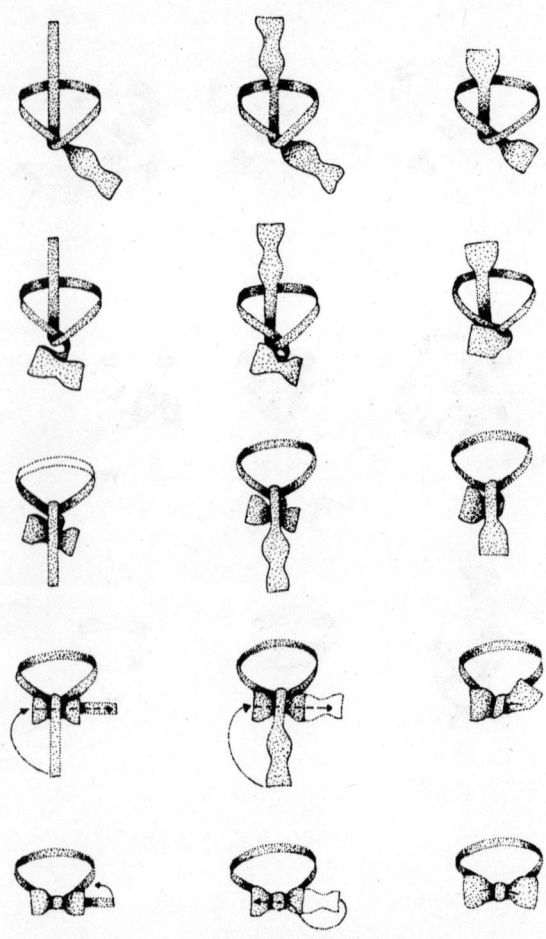

Die Schleifenbindung

Das Binden von Krawatten und Schleifen

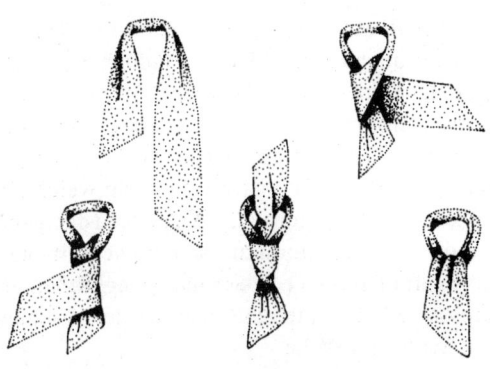

Die Krawattenschalbindung

Die Mutter aller zeitgenössischen Krawattenknoten ist der *Four-in-hand*. Ausweis seiner Eleganz ist die kleine Falte unterhalb des Knotens. Im Gegensatz zum bauchig-dreieckigen und symmetrischen *Windsor-Knoten* wirkt der Four-in-hand schlank und asymmetrisch. Natürlich sollten weder Schleifen noch Krawatten gebunden konfektioniert werden; beim Plastron mag man eine Ausnahme gestatten. Selbstverständlich können Schleifen beim Herrenausstatter vorgebunden werden; der Mann von Welt bindet sie jedoch selbst. Schleifebinden übt sich bestens am Oberschenkel oder an einer Armlehne! Halstücher oder vorgeschnittene Krawattenschals werden durch einen einfachen Knoten festgesteckt. "Ein gut gebundener Binder ist der erste ernsthafte Schritt ins Leben" (Oscar Wilde).

Materialien und Dessins

Krawatten aus reiner Seide sind für den anspruchsvollen Herrn selbstverständlich. Der Charme einer Seidenkrawatte wird durch keine Synthetikfaser erreicht. Holz- und Lederkrawatten sind indiskutabel. Seide ist selbstverständlicher Luxus. Seide schmückt, ist geschmeidig weich und zugleich von ausreichender Widerstandsfähigkeit, um die Krawattenform zu halten. Die Farbnuancen sanft glänzender Seide sind ohnegleichen. Interessante Materialien entstehen aus der Mischung von Seide und Wolle.

Seidenrips ist durch eine feine diagonal verlaufende Gabardine-Bindung mit stark strukturierter Oberfläche gekennzeichnet, die nicht bedruckt wird. Seidenrips wird für geschmackvolle Unis verwendet: Schwarz für die Trauer, silbergrau für fröhliche Anlässe; alle Farben des Regenbogens für Freizeit und Beruf. Muster werden bei Seidenrips-Krawatten immer gewebt. Typische Blazerkrawatten sind die Regimentsstreifen (Regimental stripes) und Wappenkrawatten (Heraldics). Sportclubs, Regimenter, Internate und Universitäten pflegen ihre eigenen Farben und Symbole. Detaillierte Informationen finden sich in: The Book of Public School Old Boys, University, Navy, Army, Air Force & Club ties. Der Ursprung der Club ties geht auf den Cricket-Club I Zangari in Cambridge zurück, der 1845 als erster Sportverein alle Mitglieder mit einer bunten Krawatte ausstattete. Das schottische Familiennamensregister gibt Auskunft über die Farben der Clans und ihrer Karomusterungen.

Crêpe de Chine aus fein gezwirntem Seidenfaden empfiehlt sich für leicht transparent anmutende, hochelegante Krawatten. Dieser feine Seidenstoff eignet sich nicht für gewebte Muster. Die qualitätsvollen Stoffe werden bedruckt oder uni zu feinem Mohair oder Flanell getragen.

Gumtwill ist ein Twillgewebe aus reiner Seide und zeichnet sich durch besonders feinen Griff aus. Die Oberfläche ist weitaus feiner als bei Seidenrips-Krawatten. Die Musterungen seidener Gumtwill-Krawatten werden ebenfalls gedruckt. Besonders edel ist das Ancient-Madder-Verfahren. Die Madder-Wurzel gibt einer der ältesten Methoden des Stoffärbens ihren Namen, denn aus ihr wird der rote Farbstoff gewonnen. Heute wird er auf künstlichem Wege hergestellt. Unter Zugabe von Salzen werden die wunderschönen Maddertöne erzielt: rot, kastanienbraun, schokolade und terracotta. Die Paisley-Muster (Kaschmir-Muster) der Gumtwill-Krawatten sind orientalischen Ursprungs. Dieses "Kommamuster" erinnert an die Handballen der Menschen, die ursprünglich im indischen Kaschmir-Gebiet Seidenstoffe mit ihren Händen bedruckt haben. In der britischen Kleinstadt Paisley wird dieses orientalische Fruchtbarkeitssymbol kopiert, als die Stoffe aufgrund eines Handelsboykottes nicht mehr aus Indien zu importieren sind. Gumtwill-Krawatten werden gern zum sportlichen Sakko getragen und verbieten sich für offizielle Anlässe.

Wollkrawatten werden aus reiner Schurwolle, Lambswool, Alpaka und Cashmere in unterschiedlichen Mischverhältnissen gefertigt. Aufgrund ihrer weichen Ripsbindung sind sie weicher und schmeichelnder als Seidenkrawatten. Wollkrawatten empfehlen sich zu Sakkos und Anzügen aus sportiven, groberen Stoffen sowie Pullovern mit V-Ausschnitt. Sie eignen sich für Krawatten mit Web- oder Druckmuster.

Mogador-Krawatten mit einer Kette aus Baumwolle und dem Schußfaden aus reiner Seide zeichnen sich trotz der Ripsbindung durch eine sehr feine, gleichmäßige Oberfläche aus. Die unifarbenen oder gestreiften Mogador-Krawatten brillieren mit einem matten Glanz. Sie werden bevorzugt zu feinen Anzug- oder Sakkostoffen getragen, sind jedoch universell kombinierbar.

Irish-Popeline-Krawatten haben eine lange Tradition. Das Edikt von Nantes veranlaßt im Jahre 1683 französische Hugenotten, zumeist Seidenweber aus Avignon, Lyon und Tours, nach Irland auszuwandern. In Avignon, dem Papstsitz zur Zeit des Schismas, werden im Auftrag des Papstes besondere Seidenstoffe, genannt "Popeline" (franz.: "pape", engl.: "pope"), gewebt. In Irland nehmen die französischen Auswanderer die Produktion des Seidenstoffes Popeline wieder auf. Irish Popeline wird in einem Verhältnis von 50 % Wolle zu 50 % Seide gemischt und aufwendig gewebt. Auf dem Webstuhl bilden die seidenen Kettfäden die Oberfläche des Irish Popeline-Gewebes, das bereits im ungewebten Zustand das spätere Muster zeigt. Der achtmal dickere Schußfaden aus Kammgarn wird nun in Form der Leinwandbildung durch die Kettfäden geschossen. Aufgrund der Dicke des Wollfadens entsteht der Köpercharakter des Irish Popelines. Technisch gesehen ist es jedoch eine Leinwandbindung. Dieser aufwendige technische Webvorgang macht Irish Popeline kostbarer als reine Seidengewebe! Die Oberfläche des vor- und rückseitig gleichen Materials besteht aus reiner Seide, die Wolle als Schußfaden bildet das innere Gerüst des Irish Popelines. Die Wolle nimmt der Seide die leichte Kräuselempfindlichkeit und verleiht dem Gewebe zusätzliche Festigkeit. Bei Trockenheit kräuselt Irish Popeline geringer als reine Seide. Da Seide und Wolle unterschiedlich auf Wasser reagieren, ist Irish Popeline wasserempfindlich.

Strickkrawatten aus Seide, Wolle oder Alpaka setzen einen sportlichen Akzent. Strickkrawatten werden zumeist uni getragen, Streifen- und Tupfenmusterungen sind möglich. Selbstgehäkelte Schlipse sind seit den frühen 60er Jahren nicht mehr üblich.

Verarbeitung

Eine edle Krawatte ist ein Unikat, das in sorgfältigem Einzelzuschnitt und meisterlicher Handarbeit entsteht. Bei der Konfektionierung handgenähter Krawatten ist jeder Arbeitsschritt genauestens durchdacht. Vierzig Arbeitsgänge sind notwendig, um aus einem Stück Stoff eine Krawat-

te herzustellen. Offensichtlich ist also neben dem
Wert der edlen Materialien der Arbeitslohn ein
entscheidender Preisfaktor der hochwertig verarbeiteten Krawatte.

Zuschnitt

Krawattenstoffe müssen grundsätzlich in einem
Winkel von 45° zugeschnitten werden. Der diagonale Zuschnitt des 45°-Winkels ist notwendig, damit die Krawatte nicht aus der Form gerät. Sparen
Hersteller mit dem Stoffverbrauch und versuchen,
die Krawatte mit einem Winkel unter 45° zuzu-
schneiden, so gerät die Krawatte aus ihrer geraden
Form und wirkt verdreht. Durch den 45°-Winkel
des schräg zum Fadenlauf zugeschnittenen Stoffes entsteht das diagonale Streifenmuster. Für das
Binden eines korrekt sitzenden Knotens ist der exakte Zuschnitt aller drei Teile (Vorder-, Hals- und
Rückenteil) in 45°-Winkeln entscheidend. Nur so
erhält die Krawatte auf der gesamten Länge eine
gleichmäßige Elastizität, die verhindert, daß sie
sich während des Tragens dreht. Jacquardgewebe
müssen einzeln mit der Schere zugeschnitten werden, um zu verhindern, daß gewebte Motive auf
der Krawattenspitze liegen und dann ausfransen.
Ein weiterer Vorteil des Einzelzuschnitts, den der
Kenner exquisiter Qualität zu schätzen weiß: Krawatten mit Streifen-Dessinierung beginnen an der
Spitze jeweils mit dem Fond-Streifen.

Einlage und Futter

Die Einlage der hochwertigen Krawatte garantiert Festigkeit, Standfähigkeit und Erholung nach dem Tragen. Die spezielle Gewebemischung der Einlage besteht aus Wolle und Synthetik-Fasern. Der Zuschnitt der Einlagen erfolgt ebenfalls in 45° zum Fadenverlauf. Auf die Einlage wird in dem Teilstück, das den Knoten bildet, ein zusätzliches, schmales "neckband" aus demselben Einlagematerial aufgelegt, um den Knoten leichter binden zu können.

Hohe Präzision ist beim Füttern der Krawatte gefordert. Wie Stoff und Einlage wird das Futter in 45° zum Fadenlauf zugeschnitten. Das korrekte Einnähen des Futters gewährleistet exakte, rechtwinklige Krawattenenden und verhindert ein Verziehen oder Beulen des Oberstoffes oder des Futters. Krawatten aus sehr dünnen, feinen Seidengeweben, wie z. B. Crêpe de Chine, erhalten ein reinseidenes Futter. Es unterliegt dem großen Teil der Krawatte und verhindert, daß die Einlage durchscheint oder Fasern der Einlage auf der Krawatte sichtbar werden.

Hohlnaht

Im wahrsten Sinne des Wortes sind handgearbeitete Krawatten bestechend genau vernäht. Zunächst wird der Oberstoff um die Einlage gelegt, zur Naht gearbeitet und mit Stecknadeln fixiert. Eine Arbeit, die ein hohes Maß an Erfahrung und Fingerspitzengefühl erfordert und den endgültigen, einwandfreien Sitz der Krawatte garantiert.

Beim anschließenden Nähen von Hand entsteht eine flexible Naht, die Krawatte und Einlage verbindet. Der sogenannte Hohlnahtfaden wird am Vorderteil fest vernäht und bleibt im Rückenteil der Krawatte unfixiert liegen, um die Elastizität der Krawatte nicht einzuschränken – ein kleines Meisterwerk, das nur in Handarbeit höchste Perfektion erreicht.

Die ebenfalls von Hand gefertigten Riegel schließen die beiden offen verarbeiteten Krawattenenden. Die aus demselben Oberstoff gefertigte Schlaufe zum Einstecken des kleinen Teils ist verstürzt genäht – so kann sie selbst bei hoher Beanspruchung nicht ausriffeln.

Internationale Kollektionen

Renommierte Cravatiers belegen mit jeder Krawatte die jahrzehntelange Tradition und Erfahrung ihres Hauses, Voraussetzung für die hervorragende Qualität dieser langlebigen Accessoires. Erlesene Krawatten für höchste Ansprüche stammen von Ascot, Atkinson, Brioni, Edsor, Laco, Givenchy, Grandelli, Lanvin, Mila Schön, Oscar Lenius, Richard Edking, Santo Stefano, SØR und Zegna. Aus besten Materialien gefertigt und meisterlich von Hand genäht, garantieren sie einmaligen Sitz und perfekte Eleganz.

Stil

"White Tie" oder "Cravate blanche" bezeichnet die weiße Schleife des Fracks. Mit der
Bezeichnung "Black Tie" oder "Cravate noire"
wird auf Einladungen ausgedrückt, daß Smoking erwünscht ist. Krawatten gilt es mannhaft
zu (er)tragen. Eine gelockerte Krawatte mit geöffnetem Hemdkragenknopf gilt immer noch als
" 'degoutant' bis 'anzüglich' und auf jeden Fall
'unmöglich' " (St. Thull). Mit dem Halstuch und
der Schalkrawatte stehen dem Herrn, der sich
durch die Krawatte beengt fühlt, zwei bequeme
Alternativen zur Verfügung, die sich vor allem zur
sportlichen Kombination von Hemd, Pullover und
Blouson empfehlen. Zu jedem Anlaß bietet das
Reich der Krawatte damit eine schmückende Variante.

Fauxpas:

- Gumtwill zum Blazer oder zur offiziel-
  len Kleidung
- Schwarze Schleife zum Frack
- Plastron zum Stresemann oder Umlege-
  kragen
- Krawatte zum Kläppchenkragen
- Gelockerte Krawatte mit geöffnetem
  Hemdkragenknopf

Stiltabelle	Form	Farbe
Frack	Schleife	weiß
Smoking Dinner-Jackett	Schleife	schwarz, mitternachts-blau, weinrot, silbergrau
Cutaway	Plastron zum Klappenkragen; Krawatte zum Umlegekragen	silber, grau silbergrau, schwarz (Trauer)
Stresemann	Krawatte	silbergrau, schwarz (Trauer)
Schwarzer Anzug	Krawatte, Schleife	silbergrau, schwarz (Trauer)
Halboffizi-eller Anzug	Krawatte, Schleife	schwarz- oder blaugrundig
Stadt-/Ge-schäftsanzug	Krawatte, Schleife	je farbiger desto sportlicher
Blazer	Krawatte, Schleife	Regiments-, Clubfarben
Sportanzug Sportsakko, Blouson, Pullover	Krawatte, Schleife, Schalkrawatte	erdfarbene Maddertöne, bordeaux, duenkelgrün, dunkelblau, harmonische Abstimmung mit Hemd, Sakko,

Material	Dessin
Piqué	uni
Seide	uni, Ton in Ton,
Seide	uni, dezent gemustert
Seide	uni, dezent gemustert
Seide	uni, dezent gemustert
Crêpe de Chine, Seidenrips	uni, dezent gemustert
Seidenrips, Crêpe de Chine, Mogador	uni, dezent gemustert
Seidenrips, Crêpe de Chine, Mogadot, Gumtwill	uni, elegante Musterungen, Streifen Paisleys
Seidenrips, Mogador Irish Popeline, Wolle	Clubstreifen, Regimentals, Heraldics, Blazermotive
Seidenrips, Irish Popeline, Gumtwill, Wollkrawatten, Strickkrawatten,	uni, Streifen Paisleys, diverse Musterungen

Strickwaren

Historie

Aus dem Zweistromland zwischen Euphrat und Tigris stammen die ältesten schriftlichen Quellen (auf Tontafeln) über 'industriell' organisierte Webereien.

Die Babylonier halten bis zu 27 000 Schafe und unterscheiden bereits verschiedene Qualitäten.

Mit der Erfindung der Schere (Eisenzeit) werden die Tiere geschoren und nicht mehr gerupft.

Karl der Große gibt der industriellen Verarbeitung von Wolle, um 800 n. Chr., entscheidende Impulse. Es werden die ersten Spinnstuben in Deutschland gegründet, das zu dieser Zeit einer der größten Wollproduzenten der Welt ist. 100 Jahre zuvor wurde in Spanien mit der Züchtung des Merinoschafes begonnen. Ausfuhrverbote und Schutzzölle verhindern lange Zeit eine weltweite Verbreitung der Wollproduktion.

Gegen Ende des 18. Jahrhunderts gelangen die ersten Zuchttiere über England nach Australien. Heute ist dieser Kontinent weltweit der größte Wollieferant. Schottland ist Sitz der traditionsreichsten Strickereien und liefert Pullover in alle Welt. Große Namen, wie Peter Scott und Richard Edking, begründen den guten Ruf der schottischen Strickwaren.

Material

Wollhaar

Die Eigenschaften des Wollhaares ergeben sich aus seinem Aufbau. Die Feinheit des Haares wird durch die Stärke seiner Kräuselung bestimmt. Stark gekräuselte Wolle nimmt bis zu 40 % ihres Eigengewichts an Feuchtigkeit auf, ohne sich dabei feucht anzufühlen. Sie hält die Körperwärme besonders gut und gibt die Körperfeuchtigkeit langsam nach außen ab, so daß die Verdunstungskälte nicht zum Frieren führt. Hohe Elastizität, Strapazierfähigkeit und Langlebigkeit sind die charakteristischen Eigenschaften der Wolle.

Reine Schurwolle

Reine Schurwolle ist von lebenden Schafen geschorene Wolle.

Lambswool

Nur die erste Schur des Schafes bis zum Alter von einem Jahr wird als Lambswool bezeichnet.

Lambswool-Geelong

Diese Wolle ist nach der australischen Stadt 'Geelong' benannt. Die Erstschur stammt von bis zu fünf Monate alten Lämmern.

Shetland

Shetland-Wolle ist ein strapazierfähiges, mittel-
grobes Material, das von den Schafen der englischen Shetland-Inseln gewonnen wird.

Cashmere

Der Lieferant für dieses sehr feine, elegante Material ist die in Tibet und China lebende Cashmereziege. Die von Hand ausgekämmten Haare
zeichnet besondere Weichheit aus. Die klimatischen Lebensbedingungen sorgen für eine gute
Wärmespeicherung der Cashmerewolle. Für die
Herstellung eines Pullovers wird die Jahrespro-
duktion von vier bis sechs Tieren benötigt. Die
Fadenstärken, z. B. two ply oder four ply, ergeben sich aus mehreren, zusammengedrehten Cash-
merefäden. Je höher ihre Anzahl, desto wertvoller,
wärmer und strapazierfähiger sind die Cashmere-
pullover.

Vikunja

Die feinste Wollart der Welt wird von der klein-
sten Lama-Rasse gewonnen. Die Wollausbeute
beträgt pro Tier etwa 240 g. Die daunenähnliche
Weichheit des Halshaares und die geringe Aus-
beute machen dieses Material zum kostbarsten
textilen Rohstoff der Welt. Der seidenähnliche,
feine Charakter eignet sich besonders zur Herstellung von Luxusstrickwaren.

Alpaka

Das im lateinamerikanischen Hochland lebende Lama liefert eine sehr leichte, weiche und wertvolle Wolle. Trotz der großen Feinheit ist sie sehr haltbar, fest und elastisch. Die Färbung des Haares ist schattiert von rötlich-gelb bis braun. Weiße Naturfarben sind besonders kostbar.

Mohair

Die Mohairziege liefert den seidenähnlichen, glänzenden, weichen und leicht gewellten Mohair. Mohair bietet hohen Trage-Komfort.

Kamelhaar

Die Wolle des Charaktertieres der arabischen und nordafrikanischen Wüsten ist leicht gekräuselt, sehr fein und durchschnittlich 6 cm lang. Sie hat eine typische beige-gelbliche Färbung. Die hohen Klimaschwankungen machen das Fell sehr dicht und wärmehaltend. Für die Gewinnung erübrigt sich eine Schur, da das Haar zum Jahreszeitenwechsel ausfällt. Das feine Unterhaar wird zu hochwertigen Textilien verarbeitet.

Angora

Es werden die Flaumhaare des weltweit gezüchteten Angorakaninchens verarbeitet. Das hohe Wärmerückhaltevermögen dieses Materials eignet sich besonders für sehr feine, warme Strickwaren.

Ein Tier liefert bis zu 500 g Wolle jährlich, die aufgrund ihrer Glätte schwierig zu verarbeiten ist. Angora wird deshalb häufig mit Merinowolle zu hochwertigen Mischungen versponnen.

Ramie

Das malaiische Wort Ramie bezeichnet ein Chinagras, die Bastfaser einer in subtropischen Regionen wachsenden Nesselgewächsgattung. Zu Ramiegarn versponnen und meist mit Wolle oder Baumwolle gemischt, entsteht eine sehr leichte Qualität für sommerliche Strickwaren. Die körnige Struktur und der kühle Griff verleihen einen angenehmen Tragekomfort auch an heißen Tagen.

Mischung

Alle genannten Wollarten werden sowohl als reine Qualitäten als auch in hochwertigen Mischungen verarbeitet. Das spezifische Gewicht, die Strapazierfähigkeit und die guten Pflegeeigenschaften charakterisieren eine qualitätsvolle Mischung.

Strickarten

Rechts/Links

Die Rechts/Links-Strickart eignet sich für alle klassischen Strickwaren. Rechts/Links bedeutet, daß die erste Reihe rechts und die zweite Reihe links gestrickt wird. Optisch ergibt sich daraus eine glatte Oberfläche.

Fadenstärke

Lammwolle oder Cashmere werden in verschieden starken Qualitäten angeboten. Man unterscheidet zwischen Materialien von one ply (einfädig) bis zu eight ply (achtfädig). Selten gibt es mehrfädigere Qualitäten. Die einfädigen Qualitäten sind sehr leicht und eignen sich besonders für sommerliche Strickwaren.

Je höher die Fadenstärke des Pullovers, desto größer die Dichte und Strapazierfähigkeit. Vier- bis achtfädige Strickwaren werden fast ausschließlich zu winterlichen Strickwaren verarbeitet.

Rauten/Intarsien

Als Raute (Intarsie) wird ein auf die Spitze gestellter Rhombus bezeichnet. Rautenmuster können maschinell oder in Handarbeit hergestellt werden. Handgearbeitete Muster werden als Handintarsien (Einlegearbeiten) bezeichnet.

Fancy/Phantasie

Phantasievoll zusammengestellte Muster oder Farben werden unter dem Begriff Fancy zusammengefaßt.

Patent

Dieses Muster ist voluminöser und lockerer gestrickt. Es weist eine typische Längsrippe auf

Form	Material	Dessin
Pullover V-Ausschnitt	Cashmere, Lambswool Kamelhaar, Vikunja, Merino, Mohair, Shetland Alpaka, Mischungen	uni, gemustert Fancy/Phantasie Rauten/Intarsien
Pullover Rund-Ausschnitt	Cashmere, Lambswool Kamelhaar, Vikunja Merino, Mohair, Shetland, Alpaka, Mischungen	uni, gemustert Fancy/Phantasie Rauten/Intarsien
Pullover Rollkragen	Cashmere, Lambswool Merino, Mischungen	uni, Rauten/Intarsien
Pullover U-Boot-Ausschnitt	Cashmere, Lambswool Kamelhaar, Vikunja, Merino, Mohair-Shetland Alpaka, Mischungen	uni, gemustert Fancy/Phantasie Rauten/Intarsien
Pullover V-Ausschnitt	Cashmere, Lambswool Merino, Alpaka, Mischungen	uni, Rauten/Intarsien
Strickhemd	Cashmere, Lambswool, Merino, Mischungen	uni, gemustert Rauten/Intarsien
Strickjacke langer Arm	Cashmere, Lambswool, Kamelhaar, Vikunja, Merino, Mohair, Shetland, Alpaka, Mischungen	uni, gemustert Fancy/Phantasie Rauten/Intarsien
Strickweste ohne Arm	Cashmere, Lambswool, Merino, Alpaka, Mischungen	uni, Rauten/Intarsien

Strickart	Anlaß	Kombiniert mit
Rechts/Links Patent Fully-Fashion	Beruf, Freizeit	Anzug Sakko Blazer Lederjacke
Rechts/Links Patent Fully-Fashion	Freizeit	Sportjacke Lederjacke
Rechts/Links Fully-Fashion	Freizeit	Sakko Sportjacke Lederjacke
Rechts/Links Fully-Fasion	Freizeit	Sportjacke Lederjacke
Rechts/Links Fully-Fasion	Beruf, Freizeit	Anzug Sakko Blazer
Rechts/Links Fully-Fashion	Freizeit	Sportjacke Lederjacke
Rechts/Links Patent Fully-Fashion	Beruf, Freizeit	Sportjacke Lederjacke
Rechts/Links Fully-Fashion	Beruf, Freizeit	Anzug Sakko Blazer

und wird hauptsächlich zu sportlichen Strickwaren verarbeitet.

Reiskorn

Feinstes schottisches, hochverzwirntes Merinogarn bildet die Grundlage für Strickwaren, deren Optik an Reiskörner erinnert. "Reiskorn"-Pullover garantieren perfekte Paßform und angenehmen Tragekomfort an warmen Tagen wie kühlen Sommerabenden.

Jersey

Im Mittelalter ist die britische Kanalinsel Jersey für ihre Strickwaren berühmt. Auch heute noch steht dieser Begriff für Schlauch- und Flachstrickwaren aus aller Herren Länder. Als Jerseys werden Pullover oder Sweater bezeichnet, die aus gestricktem Jersey bestehen.

Fully-Fashion

Diese Strickwaren erhalten bereits bei ihrer Herstellung durch Hinzugeben oder Abnehmen von Maschen ihre angepaßte Form. Da die Ware nicht geschnitten wird, ergibt sich eine hohe Laufmaschensicherheit; es treten auch keine wulstigen, auftragenden Nähte auf, wodurch die Strickwaren eine bessere Paßform haben.

Strickhemd

Die klassische Alternative zum V-Pullover oder zum Pullunder unter dem Sakko ist das vielseitig kombinierbare Strickhemd, ob "pur", mit T-Shirt, unter dem Sakko oder als Sakkoersatz über Hemd und Krawatte. Typisch sind die kurze Knopfleiste, der weiche Kragen sowie Unifarben, aber auch Rauten- und Intarsien-Dessins. Gleichzeitig bequem und leger ist das Strickhemd ein Freizeitklassiker.

Klassische Farben

dark blue	dunkelblau
dark grey	anthrazit
mid grey	dunkelgrau
flannel grey	mittelgrau
burgundy	weinrot
scarlet	rot
citrus	gelb
ice blue	hellblau
tartan green	dunkelgrün

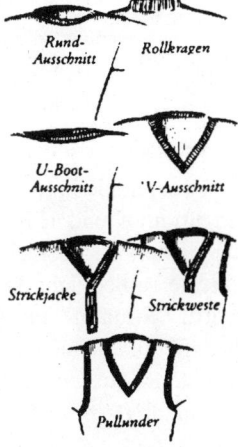

Rund-Ausschnitt · Rollkragen · U-Boot-Ausschnitt · V-Ausschnitt · Strickjacke · Strickweste · Pullunder

Strümpfe

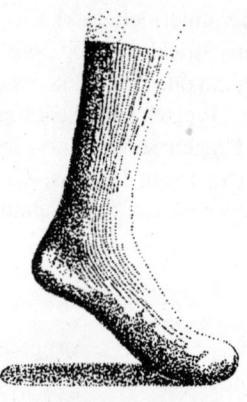

Historie

Die Kultur-Geschichte des Strumpfes hat sich mit der Hosenmode entwickelt. Das Zusammenspiel von Strumpf und Hose prägt die Evolution der männlichen Beinbekleidung. Auch die Wortgeschichte verdeutlicht diesen Zusammenhang. Der Begriff "Strumpf" im Sinne von "Stumpf" und "Rumpf" bezeichnet erst seit dem 16. Jahrhundert das untere Stück der als Ganzes gearbeiteten Beinbekleidung (Hose).

Jahrhundertelang muß der Strumpf durch vielerlei Schlitze und Schnürungen auf Beinform gebracht und mit Bändern am Obergewand befestigt werden.

Der Wadenstrumpf ("Soccus") entwickelt sich im 7. Jahrhundert aus den Wadenwickeln und Beinbinden der Germanen. Im 9. Jahrhundert wird er bis über das Knie verlängert und mit Bändern an der Hose befestigt. Länge und Form der Strümpfe korrespondieren in den folgenden Jahrhunderten mit dem Schnitt der jeweiligen Hose.

Materialien

Hochwertige Socken sind grundsätzlich nicht stück-, sondern garn- oder zwirngefärbt. Normalerweise werden 2×2 Zwirne verarbeitet (4-fach Zwirn). Bei bestimmten Materialien werden jedoch bis zu 16 Zwirne verarbeitet, um ein dichtes Warenbild zu erhalten und damit die Verschleißintensität zu senken. Diese hohe Materialintensität, z. B. beim Seidenstrumpf, begründet u. a. den Wert einer qualitätvollen Socke.

Seide

Seidenstrumpf ist nicht gleich Seidenstrumpf.
Entscheidend ist, wie vielfach er gezwirnt ist.
Auch die Seidenqualität als solche ist zu unter-
scheiden: Neben der hochwertigen Realseide gibt
es die billige "Schappesseide" (wiederverwertete
Gebrauchtseide, vergleichbar Reißwolle).

Wolle

Nur die strapazierfähige Wolle des Merinoschafes
ist für den stark beanspruchten Strumpf wirklich
geeignet. Andere Wollsorten, z. B. Alpaka, sind zu
weich und zu flauschig in ihrer Konsistenz. Mit
"Super 100" werden die hochwertigsten Merino-
Wollsocken bezeichnet.

Cashmere

Auch Cashmere hat eine offene Konsistenz und
ist nicht besonders strapazierfähig, jedoch äußerst
tragekomfortabel und zugleich die wärmendste
Socke. Es empfiehlt sich jedoch eine Polyamid-
Beimischung, um die Strapazierfähigkeit zu erhöhen.

Polyamid

Das Polyamid ist in der Faser beigemischt und
bildet den Kern des Zwirnes, ist somit von der
Naturfaser ummantelt, d. h. die Haut des Trägers kommt in keinen Kontakt mit der Synthe-

tikfaser. Diese dient darüber hinaus ausschließlich der Strapazierfähigkeit und damit der längeren Lebensdauer des Strumpfes. 20 % Polyamid-Beimischung erhöht die Nutzungsdauer der Socke ca. um das 4-fache. Die Synthetikfaser befindet sich also nicht nur in Spitze und Ferse, sondern im gesamten Strumpf, da sie schon in der Flocke mit versponnen ist. Ferse und Spitze sind jedoch die am meisten beanspruchten Sockenteile; deshalb ist dort die Polyamid-Beigabe besonders notwendig.

Wollsocken können auch mit Baumwolle verstärkt werden, ohne jedoch die Stabilisierung der Kunstfaser zu erreichen. Es handelt sich hierbei jedoch um ein reines Naturprodukt. Natürlich können Wollsocken auch völlig ohne Verstärkung verarbeitet werden, dies führt jedoch zu einer höheren Verschleißanfälligkeit.

Baumwolle

Hochwertige Baumwollsocken werden aus Karnak-Zwirnen gefertigt. Karnak ist ein Bezirk in Oberägypten. Hier wird aufgrund der klimatischen Vorzüge eine der hochwertigsten Baumwollen weltweit produziert. Karnak-Baumwollen sind besonders langstapelig und für die Produktion von Strümpfen geeignet. Die Zwirne sind hochgedreht und werden mehrfach verwandt. Hochwertigste Baumwollsocken tragen die Bezeichnung "Sea-Island".

Wolle ist wärmender als Baumwolle; Baumwolle ist langlebiger als Wolle und strapazierfähiger
als Seide und Cashmere. Das Wärmeverhalten des
Strumpfes wird nicht durch die Dicke des Materials, sondern durch die Dichte des Maschenbildes
bestimmt. Ein sehr feiner Strumpf kann aufgrund
der Dichte des Maschenbildes wärmender sein als
ein "dicker" Strumpf, der nicht so dicht gestrickt
ist.

Farben und Dessins

Bereits 1744 formuliert Zedler in seinem Universallexikon den Grundsatz, daß die Strumpffarbe
mit der des Tuches übereinstimmen und harmonieren sollte. "Meergrüne, kirschbraune, purpur-
rote und umbrafarbene" Strümpfe werden empfohlen. Grundsätzlich sollte der Strumpf dunkler
als die Hose sein. Je offizieller der Anlaß, desto
dunkler die Socke.

Mit einem Strumpf im klassischen Schwarz ist der
Herr immer gut gekleidet. Ein grober Fauxpas ist
der weiße Strumpf: er bleibt ausschließlich Ärzten
und Sportlern im Training vorbehalten. Für Freizeit und weniger offizielle Businessanlässe sind
auch originell gemusterte Strümpfe geeignet. Dies
muß jedoch nicht so weit gehen wie beim berühmten Maler David Hockney, der stets zwei verschiedenfarbige Strümpfe trug.

Eines der wohl bekanntesten Dessins ist das
Argyle-Karo; ein traditionsreiches schottisches

Muster mit typischer Diamantform, ursprünglich aus Kilt-Stoffen quer geschnitten.

Formen und Rippen

Entsprechend der Schaftlänge werden Kurzsokke (15 cm), Fesselsocke (29 cm), Wadenstrumpf (38 cm) und Kniestrumpf (über 50 cm) unterschieden. Socken mit kurzer Schaftlänge sind der Freizeit vorbehalten. Der Business-Alltag und offizielle Anlässe erfordern den Kniestrumpf. Selbst bei übergeschlagenen Beinen darf kein Stück Wade "blitzen".

Im Gegensatz zu den landesspezifisch unterschiedlichen Größenläufen der Schuhe ist der Größenverlauf für Socken international:

Deutsche Schuhgröße	Internationale Strumpfgröße
39 – 40	10
40,5 – 41,5	10,5
42 – 43	11
43,5 – 44,5	11,5
45 – 46	12
47 – 48	13

Bei der richtigen Paßform ist nicht nur auf die Fußgröße selbst zu achten, sondern auch auf die Wadenstärke. Bei einer breiten Wade wird ein grö-

ßerer Strumpf gewählt. Nach 1 bis 2 Wäschen
schrumpft der Strumpf um ca. 1/2 Größe.

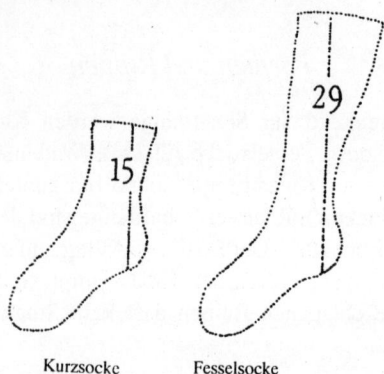

Kurzsocke   Fesselsocke

Allgemeingültig sind die 1/1 Rippe (1 hoch, 1 tief)
und der klassische Rippstrumpf (4 hoch, 2 tief).
Der eleganteste Strumpf ist der rein links gestrickte (nur linksseitige Maschen) ohne Rippen. Darüber hinaus sind alle möglichen Rippstrukturen
denkbar. Grundsätzlich gilt: je breiter die Rippe,
desto sportlicher der Strumpf.

Verarbeitungstechniken

Nähen

Ursprünglich wurden Strümpfe aus Leder, Seide,
Leinen oder Wolltuchen zusammengenäht. Diese
Verarbeitungstechnik des Zuschneidens und Nä-
hens von Strümpfen ist auch im 18. Jahrhundert
noch verbreitet.

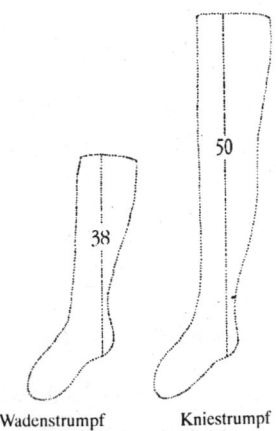

Wadenstrumpf   Kniestrumpf

Handstricken

Die Verarbeitungstechnik des Handstrickens ist zwar bereits in der Antike nachzuweisen, geht jedoch später verloren und wird erst im späten Mittelalter (ca. 13. Jahrhundert) wiederentdeckt.

Weite Verbreitung erlangt das Handstricken dann im 16. Jahrhundert. Strümpfestricken wird für die Hausfrau, aber auch für den Schafhirten und Wachsoldaten zu einer beliebten Nebenbeschäftigung.

Wirken

Die Erfindung der mit feststehenden Hakennadeln konzipierten Wirkmaschine durch den englischen Pastor William Lee im Jahre 1589 macht den Weg frei für den elastischen, bequemen Strumpf. Ge-

wirkte Strümpfe sind im Gegensatz zu gewebten
Stoffen dehnbar und entsprechen damit der Bewe-
gungsdynamik des Fußes. Bald entsteht die Zunft
der professionellen Strumpfwirker. Wer mangel-
hafte Strümpfe wirkt, wird "Stümperer" genannt.
Noch im 18. Jahrhundert werden die einzelnen
Partien des Strumpfes – Beinstück, Sohle, Ferse
und Blatt – getrennt gewirkt und dann zusammengenäht.

Maschinelles Stricken

1867 erfindet der Amerikaner Lamb einen Strick-
automaten, der mit beweglichen Zungennadeln ar-
beitet.

Fertigungsschritte

Strickerei

Heute wird der Strumpf im Schlauch gestrickt,
d. h. in den einzelnen Partien vom eingelegten
Gummirand über den Schaft zur unsichtbaren
Hochferse (Qualitätsmerkmal!), Ferse, Sohle und
Blatt bis zur Spitze in einem Stück. Die Spitze ist
wie die Ferse verstärkt, weil hier die Hauptabrei-
bungspunkte sind. An der Spitze bleibt in diesem
Arbeitsvorgang die Socke geöffnet.

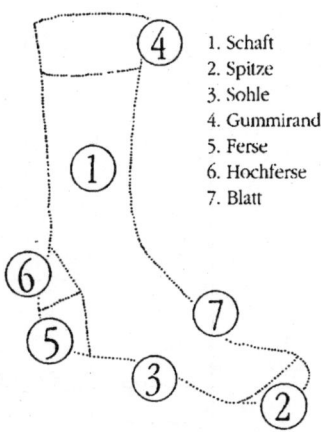

1. Schaft
2. Spitze
3. Sohle
4. Gummirand
5. Ferse
6. Hochferse
7. Blatt

Kettelei

Der Schlauch wird manuell vom nächsten Strumpfschlauch getrennt. Dies könnte auch maschinell durch eine Absaugvorrichtung geschehen, würde jedoch zu Qualitätseinbußen führen, wenn der Kettelfaden reißt. Der manuell abgetrennte Strumpfschlauch wird dann an der Spitze gekettelt. Dabei wird jede Masche von Hand auf die Kettelnadeln aufgestoßen. Vorteil: Der Mensch erkennt besser die Unregelmäßigkeiten im Maschenbild und kann diese beim Kettelvorgang berücksichtigen. Insbesondere bei feinmaschigen Strümpfen ist eine rein maschinelle Verarbeitung ohnehin nicht möglich. Rein maschinelle

Anlaß	Strumpf zum	Material
Official	Frack	Seide (feinste Wolle)
	Smoking	Seide (feinste Wolle, Baumwolle)
	Dinner-Jackett	Seide (feinste Wolle, Baumwolle)
	Cutaway	Seide (feinste Wolle, Baumwolle)
	Stresemann	Seide (feinste Wolle, Baumwolle)
	Schwarzer Anzug	Wolle (Baumwolle, Seide)
	Halboffizieller Anzug	Wolle, (Baumwolle, Seide)
Business	Stadt- und Geschäftsanzug	Wolle, Baumwolle, Cashmere
	Blazer	Wolle, Baumwolle, Cashmere
	Sportanzug	Wolle, Baumwolle, Cashmere
Casual	Sportsakko	Wolle, Baumwolle, Cashmere
	Blouson	Wolle, Baumwolle, Cashmere
	Pullover	Wolle, Baumwolle, Cashmere

Farbe/Dessin	Rippe	Schaftlänge
schwarz	ohne Rippe	Kniestrumpf
schwarz mitternachtsblau	ohne Rippe 1/1 Rippe	Kniestrumpf
schwarz	ohne Rippe 1/1 Rippe	Kniestrumpf
schwarz	ohne Rippe 1/1 Rippe	Kniestrumpf
schwarz	ohne Rippe 1/1 Rippe	Kniestrumpf
schwarz	ohne Rippe 1/1 Rippe	Kniestrumpf
schwarz, blau, grau, anthrazit	ohne Rippe 1/1 oder 4/2 Rippe	Kniestrumpf Wadenstrumpf
uni dunkler als Hose	ohne Rippe 1/1 oder 4/2 Rippe	Kniestrumpf Wadenstrumpf
uni, kleingemustert, Argyle	1/1, 4/2 Rippe	Kniestrumpf Wadenstrumpf Fesselsocke
uni, kleingemustert Argyle	1/1, 4/2 Rippe breite Rippe	Kniestrumpf Wadenstrumpf Fesselsocke
uni, kleingemustert, Argyle	1/1, 4/2 Rippe breite Rippe	Kniestrumpf Wadenstrumpf Fesselsocke
uni, kleingemustert, Argyle	1/1, 4/2 Rippe breite Rippe	Kniestrumpf Wadenstrumpf Fessel-, Kurzsocke
uni, kleingemustert, Argyle	1/1, 4/2 Rippe breite Rippe	Kniestrumpf Wadenstrumpf Fessel-, Kurzsocke

Verarbeitung kennzeichnet billige Strumpfpro-
dukte und ist nur bei gröberen Strickteilungen
möglich. Bei der rein maschinellen Variante kann
nicht vom Ketteln, sondern vom Vernähen gespro-
chen werden. Das Vernähen kann zu Wulsten an
der Spitze führen. Nachteil: Reibungsverluste und
geringer Tragekomfort.

Heute werden Socken "all-over" in einem Stück
produziert und "fully-fashioned" konfektioniert.
Nur die Spitze muß noch durch die Kettelnaht geschlossen werden. Früher mußten auch der Schaft
(Beinstück) und die Ferse gekettelt werden. Billige Strümpfe werden heute 'uni-sized' gefertigt.
SØR-Socken hingegen sind größenspezifisch gestrickt und werden auf weitendifferenzierten Fer-
tigungszylindern produziert. Dies bedeutet deutlich kleinere Losgrößen und höhere Produktions-
kosten. Zugleich führt dies zu einer deutlich besseren Paßform als bei uni-sized-Strümpfen. Wird
erst im nachhinein die Größe eingeformt, führt
dies zu einer Überdehnung der Maschen und damit zu einer größeren Verschleißintensität.

Formerei

Der pro Größe gestrickte Strumpf wird entsprechend seiner Sorte und Größe in feuchtem Zustand auf eine vorgeheizte Form (45°) gezogen. Bei billiger Fertigung wird der Formerei-
Prozeß mechanisch durchgeführt (Materialschädi-
gungen!), bei SØR-Socken von Hand. Die Hand-
formerei hat den Vorteil, daß ein Fachmann jeden Strumpf bezüglich seiner Paßform kontrolliert

und manipuliert. Diese offensichtliche Reduktion der Fehlerquellen durch eine penible Endkontrolle zeichnet die Qualitätssocke aus.

Internationale Kollektionen

Handgekettelte Qualitätssocken aus besten Materialien werden von Calze Gallo, Falke, Perl und SØR angeboten.

Fauxpas:

- Weiße Strümpfe zu beruflichen oder offiziellen Anläßen
- 'Blitzende' Waden

Schuhe

Historie

Schuhe begleiten den Menschen seit Anbeginn. Nicht nur als strapazierfähiger Schutz für die Füße, sondern auch aufgrund der kultischen und religiösen Bedeutung: Der Schuh ist Sinnbild von Macht, Herrschaft und Würde.

Die ersten Schuhe der Menschheit erkennt man auf Höhlenmalereien: Die Urmenschen tragen Felle, die mit Riemen um die Füße gewickelt sind. Bereits die Ägypter fertigen vor über 3000 Jahren Sandalen aus Stroh- und Palmblättern; in alten Etruskergräbern finden sich die Reste von Holzsandalen.

Für die Entwicklung der Schuhe im Abendland ist aber nicht die Sandale der Antike, sondern der absatzlose Schnabelschuh des Orients Ausgangspunkt. Im 16. Jahrhundert kommen sehr breite, flache Entenschnabel-Schuhe in Mode, danach werden spanischem Vorbild entsprechend slipperartige Schuhe getragen. Gegen Ende des 16. Jahrhunderts finden sich die ersten Abbildungen von Schuhen mit Absatz. Praktisch ist diese Neuentwicklung insbesondere für Reiter und Krieger: verhindert der Absatz doch das Herausrutschen der Schuhe aus dem Steigbügel.

Im 17. und 18. Jahrhundert trägt der Herr von Welt hohe Stulpenstiefel: eine Mode, die an kriegerische Traditionen anknüpft. Die Unterscheidung von rechtem und linkem Schuh setzt sich erst Anfang des 19. Jahrhunderts durch.

Seit dieser Zeit haben innovative Manufakturen den klassischen und noch heute modernen Kanon der Herrenschuhe entwickelt.

Material

Kalbsleder (Boxcalf)

Kalbsleder ist die allgemein am häufigsten verwendete Lederqualität. Es zeichnet sich durch hohe Widerstandsfähigkeit selbst bei sehr geringen Stärken aus. Die weichste und leichteste Qualität gewinnt man aus den Häuten europäischer Kälber aus den Alpenregionen. Sie werden mit natürlichen, sorgfältigen Gerb- oder Färbemethoden bearbeitet.

Ziegenleder (Chevrau)

Ziegenleder ist weitaus feiner, leichter und dünnhäutiger als Kalbsleder. Es bekommt jedoch schnell Gebrauchsfalten und bricht leichter.

Peccary

Peccary ist das Leder von freilebenden Wasserschweinen. Dieses Leder ist weich, anschmiegsam und atmungsaktiv. Die besten Peccaryqualitäten kommen aus Südamerika.

Hirschleder

Dieses Leder wird aus der Haut wildlebender Tiere gewonnen. Es ist besonders weich, griffig, strapazierfähig, flexibel und hat eine ausgeprägte Körnung; Eigenschaften, die auch im Laufe der Zeit erhalten bleiben.

Cordovan (Pferdeleder)

Cordovan gehört zu den wertvollsten Lederarten überhaupt – darum werden aus Cordovan nur wenige klassische Schuhmodelle gefertigt. Cordovan ist ein volles, geschmeidiges Leder aus dem Hinterlauf des Pferdes.

Lackleder

Lackleder ist zumeist ein Kalbsleder, das mit einer glänzenden Lackschicht überzogen wird. Früher benutzte man dazu eine Leinöl-Mischung, heute verarbeitet man einen Kunststofflack.

Känguruhleder

Känguruhleder ist feiner und weicher als Kalbsleder, trotzdem widerstandsfähiger, jedoch faltiger.

Veloursleder (Rauhleder)

Veloursleder wird irreführenderweise oft als 'Wildleder' bezeichnet. Unter Wildleder versteht der Fachmann jedoch Leder aus den Häuten wildlebender Tiere wie Hirsch, Elch, Büffel usw.

Treffender ist deshalb der Begriff Veloursleder (Rauhleder). Veloursleder entsteht, wenn die Rückseite (Fleischseite) der gegerbten Haut geschliffen wird, bis sie ein samtartiges Aussehen annimmt.

Exotenleder

Die Lederherstellung ist nicht allein auf europäische Zuchttiere beschränkt; auch aus Häuten exotischer Tiere wie Schlangen, Vogelsträuße, Eidechsen, Krokodilen, Echsen, Elefanten, Rhinozerossen und Fischen (Karpfen, Haifisch) kann man feinstes Leder für Schuhe gewinnen. Diese Ledersorten werden auch für Schuhapplikationen verwendet.

Farbe

Die Farbskala für den klassischen Herrenschuh reicht von schwarz über braun zu bordeaux. Zur Freizeitkleidung paßt auch ein blauer Schuh.

Zweifarbige Schuhe (schwarz-weiß, blau-weiß, braun-weiß) sind ebenso sportlichen Anlässen (z. B. Golf) vorbehalten wie Schuhe aus Leder und Textil (Glencheck, Schottenkaros).

Fauxpas:
Zweifarbige Schuhe für Business-Anlässe

In jedem Fall ist am Abend ein schwarzer Schuh
die richtige Wahl. Die Grundregel für den englischen Gentleman lautet: "Never wear brown after
six".

Form

Offizieller Schuh

Der offizielle Schuh ist traditionsgemäß schlicht
schwarz, völlig ohne Ziernähte oder Lochungen.
Die klassischen formellen Schuhe sind Slipper
und Schnürschuhe aus feinem, poliertem Kalbsleder oder Lack und der Lack-Pump.

Der Lack-Pump taucht als reiner Herrenschuh zuerst in den Ballsälen der feinen Pariser Gesellschaft des 19. Jahrhunderts auf. Erst zu Beginn des
20. Jahrhunderts wird der Pump zu einem klassischen Damenschuh.

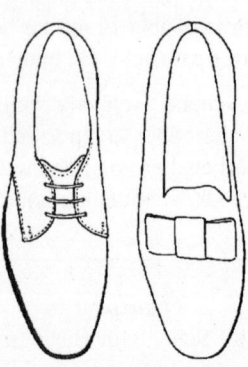

Oxford-Schuh

Heute ist der Oxford die klassische Ergänzung zum offiziellen Geschäftsanzug. Das ist nicht immer so gewesen. Noch im 19. Jahrhundert trägt der Herr von Welt hohe oder halbhohe Stiefel – und zwar winters wie sommers. Die rebellischen Studenten des Oxford College sind die ersten, die meinen, daß solch eine Schuhbekleidung nicht mehr zu ihrem Stil passe und verwirklichen ihren eigenen Schuhgeschmack: Einen tief ausgeschnittenen, geschnürten Halbschuh. Zu Beginn als skandalös verdammt, setzt sich der 'Oxford-Schuh' um 1860 als Sommerschuh durch. Wagemutige tragen ihn sogar im Winter, wenn auch mit einer praktischen und stilvollen Gamasche.

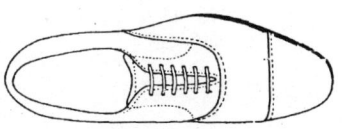

Erst in den frühen zwanziger Jahren unseres Jahrhunderts kommen dick besohlte Oxford-Schuhe mit Schutzrändern in Mode, die auch schlechtem Wetter trotzen. Seitdem ist der klassische, schlichte Oxford-Schuh aus keiner Herrenausstattung mehr wegzudenken.

Wing-Tip

Der Wing-Tip besticht nicht durch elegante Schlichtheit, sondern ist durch viele kleine aufwendige Dekorationen gekennzeichnet. Typisch sind die wie ein Flügelschlag (Wing-Tip) geschwungenen Nähte an der Schuhspitze und die dekorativen Lochmusterungen.

Der Wing-Tip ist heute ein typischer Business-Schuh und das, obwohl seine Ursprünge bei den Damen der viktorianischen Zeit liegen, die mit Vorliebe Filzschuhe trugen, auf deren Spitze zur Verstärkung geschwungene Lederkappen genäht waren.

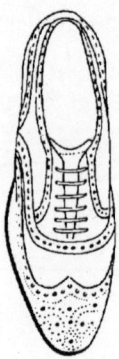

Brogue

Auch der Brogue zählt mit seiner geschwungenen Flügelkappe zu den Wing-Tips. Seine Entstehungsgeschichte führt zu Königin Viktoria selbst: Nach dem Kauf des Schlosses Balmoral im Jahre 1852 entwickelt sie eine Vorliebe für lange

Spaziergänge durch das rauhe Schottland. Große schwere Schuhe mit doppelt gearbeiteten Nähten, die schottischen Brogues, entstehen daraus. Etwa um 1905 wird in England eine 'verstädterte' Version der Brogues mit kleinen Loch-Ornamenten populär.

Heute unterscheidet man Full-Brogues und Half-Brogues. Beim ganzperforierten Full-Brogue laufen die gelochten Ziernähte durchgehend in einem Stück von der Fußkappe bis zur Ferse. Beim halbperforierten Half-Brogue treffen die Ziernähte etwa in Höhe der Schnürung auf die Sohle. Half-Brogue sind also nur vorne und nicht auch hinten perforiert.

Derby

Der Derby ist sportlicher als der Oxford. Die beiden Seitenteile (Quartiere) liegen über dem Blatt. Die Seitennähte verlaufen beim Derby geschwungen.

Budapester

Heute wird allgemein jeder Herrenschuh mit einer ornamentalen Lochmuster-Verzierung Budapester genannt. Dies ist aber nur bedingt richtig, denn der klassische Budapester unterscheidet sich von anderen Herrenschuhen mit gelochten Ziernähten wie Full-Brogue oder Half-Brogue durch die höhere Zehenkappe und die breitere Leistenform. Der Budapester kommt – wie der Name schon sagt – ursprünglich aus Ungarn und hat seinen Weg im 18. und 19. Jahrhundert über Wien bis ins Zentrum der klassischen Schuhmode, nach England, gefunden.

Mokassin

'Sitting Horse' und 'Running Bull' gelten als tapfere und mutige Indianerhäuptlinge mit ihrem imposanten Kriegsschmuck, scharfen Speeren und dem strapazierfähigen Schuh aus weichem Leder, der die Füße zuverlässig schützt: dem Mokassin. Der Mokassin ist aber nicht nur eine praktische Notwendigkeit, sondern er hat auch eine kultische Bedeutung. So besitzt jeder Irokesen-Stamm eine bestimmte Mokassin-Art mit eigenen Verzierungen. Das Tragen dieser Mokassins bedeutet, die Sitten und Gebräuche dieses Stammes anzuerkennen. Gefangenen hat man darum die Mokassins des eigenen Stammes angezogen, um sie gefügig zu machen.

Die ersten Siedler haben sehr schnell die Vorteile dieses leichten und strapazierfähigen Schuhs erkannt. Es hat nicht lange gedauert, bis man ihn auch nach England exportiert hat. Britische Schuhmacher entwickeln dort den Mokassin-Stil weiter. Auch Tassel-loafer, Penny-loafer und Kiltie zählen zu den Mokassins. Den typischen Tassel-loafer erkennt man an den beiden Troddeln ('tassels'); der Schlitz auf dem Riegel des Penny-loafer nimmt den 'letzten Pfennig' auf. Erkennungsmerkmal für den Kiltie ist der Fransenschmuck (Haferl-Lasche). Die Haferl-Lasche ist nicht mit dem aus einem Stück gefertigten seitlich geschnürten Haferl-Schuh zu verwechseln.

Von diesen drei amerikanischen Mokassintypen ist der geschnürte norwegische zu unterscheiden, dessen traditionelle Form auf die Lappen zurückgeht.

Monk

Die Ursprünge des Monk gehen weit zurück bis in das 15. Jahrhundert. Zu dieser Zeit entwirft ein

Mönch in einem Alpenkloster einen Schuh mit einem seitlichen Schnallriemen. Das bedeutet eine ungeheure Verbesserung der Schuhpaßform.

Im 16. und 17. Jahrhundert werden diese Schuhschnallen reich verziert und von vermögenden Edelmännern mit Gold und Edelsteinen besetzt.

Um 1929 wird der Schnallenschuh wieder modern und wegen seines Ursprungs Monk genannt.

Bootsschuh

Die charakterisierten Eigenschaften des originalen Bootsschuhes sind: wasserabweisendes, geöltes Kalbsleder, rutschfeste, helle Gummisohle und typische Rohleder-Schnürung. Der Bootsschuh erfüllt immer noch die harten Bedingungen an einen Schuh, der sicheren und festen Tritt auch auf rutschigem Bootsdeck garantieren muß. Der Bootsschuh wird aber nicht mehr nur auf Booten oder Yachten getragen – heute ist er die unverwüstliche Ergänzung der Freizeitkleidung.

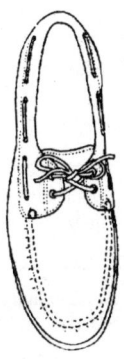

Segelschuh

Segelschuhe sind sommerliches Schuhwerk aus fest gewebtem, atmungsfreundlichem Leinentuch mit Lederschnürung und Bootssohle. Sie eignen sich nicht nur für sportliche Aktivitäten, sondern für alle Freizeitanlässe in der warmen Jahreszeit. Segelschuhe werden zur sportiven Leinenhose oder edlen Jeans in sommerlich-klassischer Farbgebung getragen.

Verarbeitung

Schuhe der bedeutenden Marken – Cheaney's Church's und SØR – werden in den besten Werkstätten der Welt nach alter handwerklicher Tradition gefertigt. Pro Schuh sind je nach Modell zwischen 200 und 240 verschiedene Arbeitsschritte notwendig. Diese aufwendigen Goodyear-Verfahren unterscheiden den rahmengenähten

Form	Typ	Material
Formeller Schuh	Pump	Lackleder
	Schnürschuh Slipper	Lackleder
	Schnürschuh Slipper	Lackleder
Oxford Budapester	Schnürschuh	Pferdeleder Kalbsleder Peccaryleder Hirschleder Wildleder
Monk	Schnallenschuh	Pferdeleder Kalbsleder Hirschleder
Mokassin	Penny-loafer Tassel-loafer Kiltie	Pferdeleder Kalbsleder Hirschleder
Bootsschuh	Schnürschuh	geöltes Kalbsleder

Farbe	Anlaß	Kleidung
schwarz	Empfang (Abend), Ball, Theater	Smoking Dinner-Jackett
schwarz	Empfang, Theater, Ball	Frack Smoking Dinner-Jackett
schwarz	Empfang, Theater, Ball	Cutaway Stresemann Smoking Dinner-Jackett
schwarz bordeaux braun	Business	Businessanzüge Sakko-Kombination Blazer
schwarz bordeaux braun	Tageskleidung	Sakko-Kombination sportive Tageskleidung
schwarz bordeaux braun	sportiv	Freizeitkleidung Sakko-Kombination Blazer
marine weiß braun	Freizeit	Casualwear Wassersport

klassischen Qualitätsschuh von geklebten 'Tretern'.

Rahmengenäht bedeutet: Der Schaft wird sorgfältig an die Lederbrandsohle angenäht; auf das übliche Stahlgelenk im Schuh wird deshalb von manchen Schuhmachern verzichtet. Die Schuhe sind zumeist vom ersten Tragen an bequem und müssen nicht erst eingelaufen werden. Der Fuß kann natürlich abrollen, Fuß- und Beinmuskeln werden beim Gehen richtig trainiert und entspannt.

Die Lederlaufsohlen werden mit Eichenlohe gegerbt, einer langwierigen, intensiven und höchsten Qualitätsansprüchen gerecht werdenden Gerbart. Vorteil: geringer Verschleiß und lange Lebensdauer.

Unter dieser Lederbrandsohle ist der Schuh auf ganzer Länge mit Kork ausgeballt. Der Fuß kann sich so im Laufe der Zeit sein eigenes Fußbett formen, außerdem wirkt die Korkschicht temperaturausgleichend.

Edle Schuhe werden mit hochwertigem Wasserschweinsleder gefüttert und der Anatomie des Fußes bestens angepaßt. Das garantiert einen hohen Tragekomfort und lange Haltbarkeit.

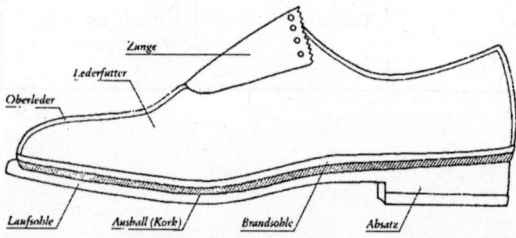

Zunge

Lederfutter

Oberleder

Laufsohle   Ausball (Kork)   Brandsohle   Absatz

Schirm

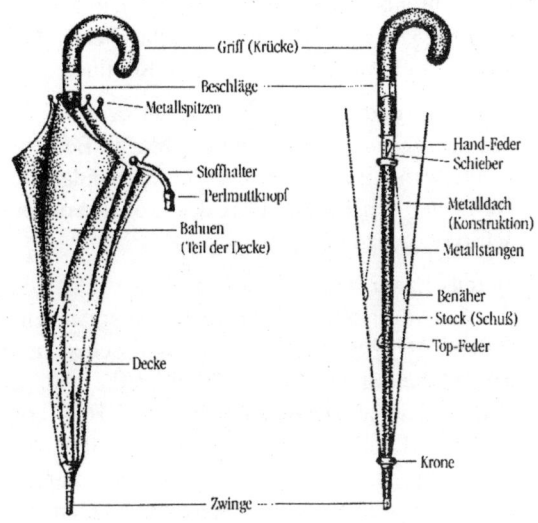

Griff (Krücke)
Beschläge
Metallspitzen
Stoffhalter
Perlmuttknopf
Bahnen
(Teil der Decke)
Decke
Zwinge

Hand-Feder
Schieber
Metalldach
(Konstruktion)
Metallstangen
Benäher
Stock (Schuß)
Top-Feder
Krone

Der klassische Regenschirm

Historie

Schirm, Charme und Melone – offensichtlich ist
der Schirm nicht nur ein Schutz gegen die Unbilden des Wetters, sondern für so manchen Zeitgenossen Ausdruck einer Weltanschauung. Sind
die Briten auch als Sachwalter maskuliner Tradition bekannt, gelten sie trotz des feuchten Kli-
mas auf der "Insel" nicht als Erfinder des Schirms
(engl.: umbrella).

Die lateinische Wurzel "umbraculum" (schattiger
Platz) führt uns auf die richtige Fährte ins sonni-

ge Reich der Mitte. Dort nutzen die erfindungs-
reichen Chinesen den Schirm bereits 2000 Jahre v. Chr. als Sonnenschirm und Hoheitszeichen.
Schnell verbreitet sich das praktische Utensil nach
Japan und Indien über den ganzen Kontinent.

Gekrönte und ungekrönte Häupter wählen den
Sonnenschirm zur Insignie ihrer Macht. Bezeich-
nenderweise wird noch im 19. Jahrhundert der
Herrscher von Birma "Herr des großen Sonnen-
schirms" genannt.

Bereits in der Antike (5. Jahrhundert v. Chr.) findet sich der Regenschirm in Griechenland und
Italien. Mittelalterliche Belege sind selten. Erst
im 16. Jahrhundert erlebt dieser antike Nutzge-
genstand seine Renaissance und wird 1620 erstmalig in Frankreich und England erwähnt. Der
Kontinent entdeckt den Schirm nicht nur als
hellen, fransenverzierten Sonnenschutz (franz.:
parasol), sondern zunehmend als Regenschirm
aus dunklem Leder und Wachstuch. Anfang des
20. Jahrhunderts verliert der Sonnenschirm an
Bedeutung – der helle Teint ist nicht mehr gefragt. Schirm bedeutet seither zumeist "Regenschirm" und wird zum Inbegriff des angelsächsischen Gentleman: "All men are equal. All men,
that is, who posses umbrellas" (E.M. Forster).

Materialien

Hölzer

Das Bambusrohr *Malacca* stammt aus den Bergen Sumatras und wird nach mehrmaligem Polieren lackiert. Dieses zur Zeit aus Japan gelieferte weiche Edelholz wird für elegante, offizielle Schirme verarbeitet.

Die Japaner liefern *Bambus* (Whangee) für helle solide Schirmkrücken.

Ein wunderschönes, zart-rötliches Holz aus Indonesien ist *Rosenholz* für elegante Krücken.

Walnußholz oder Walnut, aus Großbritannien stammend, ist dunkelbräunlich und eigenwillig strukturiert.

Optisch zartfarben sind das harte *Apfelholz* und die *Kastanie* aus Großbritannien.

Leicht rötlich und zart strukturiert ist das *Kirschholz* (Cherry) aus Österreich.

Esche und *Eiche* aus Großbritannien liefern harte Hölzer als solide Basis für klassische Einstockschirme. Die ebenfalls großporige *Haselnuß* ist weicher und für Krücken bestens geeignet.

Schwedische Birke ist ein besonders elastischbiegsames Holz und eignet sich daher bestens für den Schuß.

Auch Nordamerika liefert Hölzer mit eigenem Charme. *Ahorn* und *Nußbaum* sind beliebte Hölzer für Krücke und Schuß. *Zypressenholz* ist weicher und deshalb bestens für Krücken geeignet.

Ahorn, Nußbaum, Apfel, Kastanie, Esche, Eiche und Kirsche können in "Solid" verarbeitet werden, das heißt von Krücke bis zur Spitze in einem Stück ohne Verleimung.

Metalle

In Öl *gehärteter Sheffield-Stahl*, "stainless steel" (rostfrei), wird mit hochwertiger Emaille überzogen und bildet das korrosionsfeste Gestell.

Schieber und *Platten* werden aus festen Messingröhren und mit Bronze-Überzug gefertigt.

Edelmetalle werden für die Schmuckbänder (collars) verwendet. Der silver collar (s.c.) besteht aus 100 % Sterlingsilber. *Plated Gold Collar* (P.G.C.) bedeutet hart vergoldetes Messing.

Schirmseide

Schirmseide wird in England hergestellt. Dieses Gewebe aus dicht gewebten Nylonfäden hat sich als Schirmbespannung mit optimaler Wasserdichte und langer Haltbarkeit bewährt. Edle *Naturseide* ist dichter gewebt, wie man im Gegenlicht prüfen kann.

Naturseide

Der wasserdicht veredelte Seidenfaden wird als Moiré gewebt. Vier Fäden werden dabei als Kette, zwei als Schuß verwendet. Das Gewebe absorbiert eine geringe Menge Wasser, quillt leicht auf und wird dadurch extrem wasserabweisend.

Dessins.

Unis begegnen uns in allen Farben des Regenbogens. Die acht Bahnen des Schirmbezugs können in verschiedenen Farben bezogen werden. *Paisleys*, *Schottenkaros* oder *Fancies* empfehlen sich für sportliche Schirme. Hierzu gehören auch die klassischen *Tartans*, die selbstverständlich nicht gedruckt, sondern gewebt verarbeitet werden.

Damit gilt auch bei der Wahl des Schirmes die goldene Regel des jeweiligen Anlasses. Je offizieller der Anlaß, desto dunkler sollte der Schirm sein. Der schwarze Schirm gilt als der offizielle Klassiker schlechthin, der sowohl die Business- als auch die Abendkleidung passend ergänzt. Gedeckte Dessins eignen sich ebenfalls für geschäftliche Anlässe. Knallige Unis, Tartans und Paisleys unterstreichen Sportswear und Freitzeitkleidung.

Formen

Klassischer Regenschirm

Der klassische Regenschirm besteht aus gebogenem Griff (Krücke), Stock (Schuß) und gewölbtem Dach. Besonders charakteristisch sind Griffe in Form von Enten-, Hunde- oder Pferdeköpfen aus edlem Material, wobei Elfenbein aus Gründen des Artenschutzes nicht mehr verarbeitet wird. Exklusive Herrenschirme von SØR und Brigg in London, der ältesten Schirmmacherei der Welt, können in drei Standardgrößen bestellt werden. Entsprechend der Schirmlänge wächst die Größe des Dachs.

Der klassische Herrenschirm weist bei einer Stocklänge von 93 cm einen Dachdurchmesser von 108 cm auf. Abweichend davon ist es möglich, Schirme mit einer Stocklänge von 90 cm und 96 cm herzustellen.

Reiseschirm

Der erste Reiseschirm stammt aus Paris, entwickelt von Marius im Jahre 1715. Bei zeitgenössischen Reiseschirmen können der Griff und die Spitze abgeschraubt werden. Dieses Modell findet in jedem Reisegepäck Platz und wird deshalb auch als Kofferschirm bezeichnet.

"Prince of Wales"-Schirm

Bei dieser speziellen Anfertigung für den Prince of Wales können ebenfalls Griff und Spitze abgeschraubt werden. Der Griff ist aus Malacca-Holz und mit edlem Silberbeschlag und Silberband.

Golfschirm

Golfschirme sind nicht nur auf dem Court nützlicher Begleiter für die Freizeit. Der Schuß wird zumeist aus Leichtmetall gefertigt, die Krücke ist gebogen oder gerade geformt.

Funktionsschirm

Schirme mit elegant-funktionalen Besonderheiten bieten mehr als nur Regenschutz. Schnapsflaschen, Feuerzeuge oder Pferdemaßstöcke können in den Schirmstock integriert werden. Klingen oder einschüssige Schrotflinten werden nicht mehr in den Schaft eingearbeitet, da sie – früher waffenscheinpflichtig – inzwischen verboten sind.

Verarbeitung

"Solidität" ist die Maxime für exzellent verarbeitete Schirme. Ausgesuchte Materialien und überlieferte handwerkliche Tradition verleihen dem Schirm Eigenschaften von Dauer und garantieren einen ständigen Wert.

Griff

Zunächst wird von den Griffhölzern die harte, siliziumhaltige Rinde entfernt. Über Dampf werden die Hölzer von Hand gebogen. Jeder Stock wird entsprechend seines Wachstums gesondert bearbeitet, um dem daraus entstehenden Griff seine individuelle Charakteristik zu geben. Die Form wird in mehrtägigen Dampfbädern stabilisiert. Abschließend wird das Holz mit schützendem Lack versehen und poliert.

Stock (Schuß)

Nur bei harten Holzqualitäten, die in ausreichender Quantität verfügbar sind, werden Stock und Griff aus einem Stück gefertigt. Insbesondere bei weichen Griffhölzern empfiehlt sich besonders dicht gemaserte Schwedische Birke, die geschmirgelt und poliert wird. Krücke und Stock werden von Hand verdübelt und bilden eine feste, harmonische Einheit. Durch das Verkesseln, jene qualitätsvolle, übergangslose Verdübelung von Stock und Griff, entsteht der Gesamteindruck eines Schußschirmes aus einem Stück.

Bei einem Einstückschirm muß der untere Teil des Stockes zum Griff gebogen werden. Subtiles Schmirgeln und Polieren vollenden den Schirmstock.

Metallarbeiten

Alle Metallteile der exklusiven Herrenschirme von Brigg und SØR sind solide gefertigt und nicht gepreßt. Besonders beanspruchte Details wie Schieber und Feder sind aufgrund ihrer traditionellen Herstellung und Einarbeitung in den Schirm besonders langlebig.

Die mit dem Hammer bearbeiteten Metallspangen werden ebenso von Hand in den Stock eingelegt wie der handgeschliffene Runner (Schieber).

Die Metall-Dachkonstruktion wird von Hand mit Hammer und Nagel am Stock befestigt. Sheffield-Stahl, Messingröhre mit Bronze-Überzug und gehärtete Nickel/Silberdrähte garantieren große Spannkraft, Korrosionsfestigkeit und damit Langlebigkeit des Schirmes.

• Dachbezug (Decke)

Das Schirmdach besteht aus acht Bahnen, die sorgfältig von Hand zugeschnitten und mit Nadel und Faden vernäht werden. Qualitätsgarne garantieren hohe Reißfestigkeit. Im Anschluß werden die Bahnen gewendet und gesäumt. Die handgeschliffenen Metallspitzen, Metallringe und die typische Metallzwinge sind handwerklich zu befestigen. Benäher sorgen dafür, daß die Metallteile des Gestells den Stoff beim Öffnen und Schließen des Schirms nicht beschädigen. Die Spitzen werden an den Stangenenden aufgesetzt. Jede Stange wird viermal sorgfältig am Dachsaum befestigt. Dadurch entsteht die elegante, gewölbte Form des Daches. Um das Schirmdach am Schuß zu befestigen, wird es in der Höhe der Krone von Hand vernäht. Vor dem Einbohren, Anheften und Aufsetzen der Krone werden zwei Stoffliegen über dem Schuß befestigt. Die Krone wird durch Einführung eines durchgehenden Cromargan-Drahtes im vorgefertigten Bohrgang verankert. Diese differenzierte Befestigungsmethode ist dem minderwertigen einfachen Ankörnen mit Hilfe eines Dornes vorzuziehen. Ein Zeichen für Kenner: Der flach gehämmerte Kopf des Drahts auf der Zwinge beweist, daß der Schirm von Hand gemacht wurde. Farblich abgestimmte, handgemachte Stoffhalter mit einem echten Perlmuttknopf werden an

Anlaß	Griff	Stock
Offizielle Anlässe	Silber Elfenbein Malacca Rosenholz	Schwedische Birke Schwedische Birke Schwedische Birke Schwedische Birke
Berufliche Anlässe	Malacca Rosenholz Esche Bambus	Schwedische Birke Schwedische Birke Schwedische Birke Schwedische Birke
Freizeit-anlässe	Bambus Eiche Walnuß Apfelholz Kastanie Kirsche Ahorn Nußbaum Zypresse	Schwedische Birke Eiche Schwedische Birke Apfelholz Kastanie Kirsche Ahorn Nußbaum Schwedische Birke

Dach	Farbe/Dessin
Naturseide Schirmseide	schwarz
Naturseide Schirmseide	schwarz uni (dunkel)
Naturseide Schirmseide	uni (farbenfroh) Tartans Paisleys Fancies

der Decke (Schirmdach) vernäht. Im Gegensatz zu
oft verwendeten minderwertigen, elastischen Hal-
tern verlieren diese nie ihre Spannkraft. Abschließend wird jede Bahn des Schirmdaches von Hand
gebügelt und aufgerollt. Dreifache Kontrollen si-
chern den hohen Qualitätsstandard des Schirmes.
Es gibt eben Schirme, die sind unverbesserlich:
Schirme von Brigg und SØR.

Beschläge

Durch das Anbringen von Bändern und Beschlä-
gen am Griff des Schirmes erhält dieser "edle
Begleiter" des Herrn eine besondere, persönliche Note. Sterlingsilber, Messingvergoldung, 9-
karätiges (18-karätiges) Gold können verarbeitet
werden.

Internationale Kollektionen

Qualitätsvolle Herrenschirme tragen die Marken-
namen Brigg und SØR. Thomas Brigg eröffne-
te im Jahre 1836 in der St. James Street, London SW 1, seine berühmte Manufaktur. Diese inzwischen älteste britische Schirminstitution re-
giert schräg gegenüber der Royal Academy und
bietet auch männlichen "Royals" Regenschutz.
Brigg, seit 230 Jahren am Piccadilly ansässig, ist
Lieferant des englischen Königshauses und Krönung jeder Kleidung. Mit ihrer überzeugenden
Qualität haben Brigg-Schirme Weltruhm erlangt.

Hut

Historie

Gemäß einer alten englischen Regel ist der Mann ein Gentleman, der beim Betreten des Hauses seinen Hut abnimmt. Läßt er den Hut auf dem Kopf, gibt er nur vor, ein Gentleman zu sein. Trägt er überhaupt keinen Hut bei sich, ist er mit Sicherheit kein Gentleman.

Hüte senden soziale Signale und schützen den Mann vor Wind und Wetter, Hitze und Kälte. Bereits bei einer Zimmertemperatur von 15° C verliert der Mensch ohne Hut 25 % seiner Körperwärme. Von der Schutz- und Standesfunktion ist auch die Hutgeschichte geprägt. Bis zur Mitte unseres Jahrhunderts ist der Hut ein integraler Bestandteil männlicher Kleidung und für den gut gekleideten Herrn nicht wegzudenken. Mit John F. Kennedy, der zwar selber noch regelmäßig Zylinder trägt, aber nicht mehr selbstverständlich den Tageshut, verflacht seit den 60er Jahren das Hutbewußtsein. Viele Indizien sprechen jedoch nach 20 hutlosen Jahren für eine Wende zu mehr Hutkultur.

Hutformen

Der vielfältige Formenkanon der Hutbekleidung ist aus der variantenreichen Gestaltung der Krempe, der Krone und des Schmuckbandes entstanden. Grundsätzlich gilt: Je steifer der Hut, desto offizieller, je weicher, desto sportlicher.

Der *Zylinder* krönt die Hutkultur. Der Seidenzylinder wird erstmalig am 15. Januar 1797 der Öffentlichkeit vorgeführt. Dieses Datum ist verbrieft, denn der Hutmacher John Hetherington wird bei Androhung einer Geldstrafe in Höhe von 500 Britischen Pfund dazu verurteilt, diesen Hut nicht mehr zu tragen. Zuvor hatten vier Frauen beim Anblick des ersten seidenen Zylinders das Bewußtsein verloren und waren umgestürzt.

Im 19. Jahrhundert verbreitet sich der Zylinder schnell in ganz Europa und wird zum offiziellen Abendhut, der sich als mattschwarzer Chapeau claque (Klappzylinder) bis Ende der 20er Jahre international durchgesetzt hat. Der *Chapeau claque* besteht aus einem mit Seide überzogenen Federgestell und ist zum Frack offizielles 'Must'.

Der graue *Turf-Zylinder* (engl. turf = Rasen, Rennbahn) setzt sich seit Anfang des Jahrhunderts als Tageszylinder aus grauem Haarfilz mit schwarzem Schmuckband zum Cutaway durch und wurde durch das jährliche Ascot-Rennen weltbekannt.

Der schwarze *Glanzzylinder* aus schwarzem Haarfilz und Ripsband kann zu Begräbnissen und allen
anderen hochoffiziellen Gelegenheiten zum Frack,
Cutaway und Stresemann getragen werden.

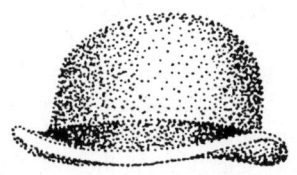

Der erste *Bowler* verläßt im Jahre 1850 eines der
heute ältesten Hutgeschäfte Londons, James Lock
& Co. Ltd., wo er damals wie heute unter dem
Pseudonym seines Auftraggebers William Coke
als 'Billy Coke' gehandelt wird. Mr. Coke hatte
nach einem Hut verlangt, mit dem er reiten und
jagen könne, ohne ihn wie den hohen Zylinder im
Geäst zu verlieren. Den Namen Bowler erhält dieses Modell nach seinem hugenottischen Hersteller, Thomas William Beaulieu (anglisiert Bowler),
der für Lock in London arbeitete.

Der *Bowler*, in Deutschland aufgrund seiner Form
auch als *Melone* bezeichnet, wird in Amerika nach
dem 17. Earl Edward George *Derby* (1865-1948)
benannt, der auf dem Rennplatz bevorzugt einen
grauen Bowler trägt und diesen Hut auf einer Reise in die USA populär macht.

Weniger offiziell als der Zylinder empfiehlt sich
der Bowler am Abend zum Smoking und am Tage

zum Stresemann. Als Tageshut wird der Bowler in England von Bankiers, Immobilienhändlern und Rechtsanwälten auch heute noch zum Geschäftsanzug getragen.

Homburg: Um 1900 entdeckt H.R.H. Prince of Wales, der spätere König Edward VII. von England, in Bad Homburg v. d. H. diesen eleganten, steifen Herrenhut aus schwarzem oder grauem Haarfilz mit hochgerollter und eingefaßter Krempe. Zum Stresemann und schwarzen Anzug wird der Homburg selbstverständlich getragen, nach dem Zweiten Weltkrieg auch zum Smoking und Dinner-Jackett. Stilistisch rangiert er in der Skala offizieller Hüte nach dem Zylinder und Bowler, jedoch vor dem Eden und Camber.

Der *Eden (Demi-Homburg)* entwickelt sich um 1935 aus dem Homburg. Dieser halbsteife dreifach eingedrückte Hut ist unbordiert und hat eine gerade Krempe. Der britische Politiker Sir Robert Anthony Eden verbreitet diesen schwarzen Filzhut mit geradem Schnittrand auf dem Kontinent. Der Eden empfiehlt sich auch heute zum schwarzen Anzug, zur halboffiziellen Kleidung und durchaus auch zum Stadt- und Geschäftsanzug.

Der *Camber* (engl. Krümmung) ist ein halboffizieller Hut, dessen Krempe vorne flach verläuft, seitlich und hinten jedoch aufgebogen wird. Die Krempe ist unbordiert mit einer Schnittkante versehen. Dieser halbelegante Stadthut kann in Schwarz auch zum Smoking getragen werden, empfiehlt sich jedoch insbesondere zu halboffiziellen Anlässen für Stadt und Geschäft.

Der *Klapprandhut* wird heute vielfach als Borsalino bezeichnet. Mit seiner geschwungenen Krempe, die vorne flach, seitlich und hinten jedoch leicht aufgebogen verläuft, geschnitten, eingefaßt oder umgelegt sein kann, bietet er zahlreiche Varianten. Die Breite der Krempe und die Höhe der Krone können individuell ausgewählt werden. Typisch ist die Triangel-Beule, der Hut ist also dreifach eingedrückt. Mit einem schwarzen oder unifarbenen Ripsband mit seitlicher Schleife kann dieser klassische Herrenhut zu allen Business-Anlässen getragen werden. Schwarz empfiehlt er sich auch zu halboffiziellen Gelegenheiten, olivgrün, dunkelgrün und tabakbraun zum sportlichen Sakko oder Anzug. Grundsätzlich gilt: Je dunkler, desto offizieller.

Der *Ententeich* oder *Porkpie* (engl. Schweinefleischpastete; österr. Reindl für Kasserolle) kennzeichnet einen Herrenhut mit rundem, relativ flachem Kopf und Tellerbeule (Ententeich). Die Krempe ist geschwungen, vorne flach, hinten und seitlich leicht aufgebogen und mit einer Schnittkante versehen. Das schmale Ripsband ist unifarben und mit einer seitlichen Schleife verziert. Je nach Farbe wird der Porkpie zu allen Businessanlässen und zum Sportsakko getragen.

Der *Snapbrim* (engl. geschwungene Krempe, Schnapprand) ist ein sportlich eleganter Herrenhut aus aufgerauhtem weichem Haarfilz. Die Krempe kann individuell gebogen, die Krone zur Triangelbeule oder zum Ententeich geformt werden. Das schmale Schmuckband aus Haarflies ist mit einer seitlichen Schleife versehen. Der bevorzugt olivgrün-braune Snapbrim empfiehlt sich zum sportlichen Sakko und Anzug, zu sportlichen Woll- und Regenmänteln (Raglan-Slipon, Trenchcoat). Dieser weiche Hut kann zusammengelegt auch in der Tasche getragen werden.

Der *Boater* (engl. Bootsfahrer, franz. *canotier*, ugs. *Kreissäge*) wird um 1880 als Sommerhut für die Matrosen eingeführt. Schnell verbreitet sich dieser steife, mit Schellack überzogene Strohhut in den USA und auf dem europäischen Kontinent. Dieser interessante Strohhut mit steifer, flacher Krempe und flacher, zylindrischer Krone hat ein schwarzes oder zweifarbiges Ripsband mit Schleife. Der Boater ist ein universeller Sommerhut, der nicht nur zum Dinner-Jacket getragen werden kann, sondern an heißen Tagen auch zum Blazer oder Sportsakko.

Panama: Dieser leichte Herrenstrohhut ist die bequeme Alternative zum Boater und begleitet den Herrn Anfang des Jahrhunderts zu allen heißen Anlässen, von der Tenniskleidung bis zum Frack. Auch heute kann der Panama an heißen Sommertagen grundsätzlich zu allen Anlässen getragen werden. Handelsplatz des Hutes ist Panama, Herstellungsort der besten Hüte ist jedoch Montecristi in Equador. Die jungen Blätter der schilfartigen Kolbenpalme (Carludowica Palmata) werden in Streifen geschnitten und getrocknet. Dadurch entstehen dünne, flechtbare Röhrchen, die 'paya toquilla'. In den kühlen Morgen- und Abendstunden werden die Röhrchen unter Wasser geflochten und erhalten so den geschmeidigen, seidenhaften Griff. Der Panama ist damit eigentlich kein Strohhut. Er wird aus billigeren Palmenblättern imitiert, denen jedoch der weiche Griff fehlt und die deshalb schneller brüchig werden.

Tweedhut: Diese sportlichen Hüte mit schmaler, schlapper Krempe und weichem, individuell geformtem Kopf konnten sich auch in den 'hutlosen' 70er und 80er Jahren behaupten. Sportlich aus klassischen Tweed-Dessins, Unis und tartans sind sie 'nomen est omen' freizeitlichen Anlässen vorbehalten und empfehlen sich zu sportiven Anzügen und Sakkos.

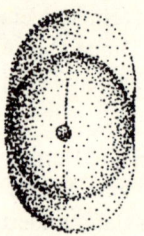

Der *Deerstalker* (Hirschtreiber) mit umlaufender, schlapper Krempe und halbrunder Krone mit zentriertem Wollknopf ist ein britischer Jagdtreiberhut und auch auf dem Kontinent als freizeitliche Kopfbedeckung bekannt. Ebenfalls aus Tweedstoffen gefertigt, empfiehlt er sich zum Norfolk-Anzug, Sportanzug und Sportsakko.

Die *Schirmmütze* mit waagerecht abstehender vorderer Krempe unterschiedlicher Länge hat einen flachen, weich anliegenden Kopf zur Entenjagd oder zum Waldspaziergang, zum Ausritt oder Golfen. Die englische Mütze ist ein universeller Freizeitbegleiter. Einem Gesetz aus dem Jahre 1571, das alle männlichen Einwohner über sechs Jahre zum Tragen einer wollenen, in England hergestellten Kappe verpflichtete, verdankt die britische Sportmütze ihre weltweite Verbreitung als *die* freizeitliche Kopfbedeckung.

Jagdhüte werden international gerne als 'Tiroler Hüte' bezeichnet. Im Laufe dieses Jahrhunderts haben sie den ganzen Kontinent erobert und sind auch in den angelsächsischen Ländern als freizeitliche Hutbekleidung beliebt. Ahnherr der jagdlichen Hutkultur ist der letzte österreichische Kaiser Franz-Joseph, der mit seinem aus dem Bowler entwickelten Jagdhut die weitere Entwicklung maßgeblich beeinflußte.

Paßformen

Die Wahl eines passenden Hutes erscheint einfach, da es nur eine Größe gibt: den Kopfumfang.

	Centim.		English		USA		Points	
XS	52	53	$6^3/_8$	$6^1/_2$	$6^1/_2$	$6^5/_8$	$2^1/_2$	3
S	54	55	$6^5/_8$	$6^3/_4$	$6^3/_4$	$6^7/_8$	$3^1/_2$	4
M	56	57	$6^7/_8$	7	7	$7^1/_8$	$4^1/_2$	5
L	58	59	$7^1/_8$	$7^1/_4$	$7^1/_4$	$7^3/_8$	$5^1/_2$	6
XL	60	61	$7^3/_8$	$7^1/_2$	$7^1/_2$	$7^5/_8$	$6^1/_2$	7
XXL	62	63	$7^5/_8$	$7^3/_4$	$7^3/_4$	$7^7/_8$	$7^1/_2$	8

Der Hut sollte ohne Druck auf dem Kopf sitzen und bei Kopfbewegungen nicht verrutschen. Der Hut sitzt richtig, wenn man ihn auf dem Kopf kaum spürt. Durch Feuchtigkeit schrumpfen Hüte zumeist um eine halbe bis eine ganze Größe. Krempenbreite und Kronenhöhe müssen der Größe des Mannes und seines Kopfes entsprechen.

Kleine Männer sollten auf weite Krempen verzichten. Die Krone darf auch für größere Männer nicht zu hoch und die Krempe nicht zu schmal
sein.

Farben

Angesichts der großen Farbvielfalt klassischer
Herrenhüte von olivgrün, dunkelgrün, tauben-
grau, tabakbraun, dunkelblau bis schwarz gilt der
Grundsatz: Je dunkler desto offizieller – je farbi-
ger und dessinierter desto sportlicher. Die Hutfar-
be sollte mit dem Mantel, dem Anzug und den
Schuhen harmonieren. Die Farbe muß nicht identisch sein. Ein taubengrauer Hut paßt gut zu einem blauen Mantel, insbesondere wenn der Anzug wiederum grau ist. Grüne Hüte empfehlen
sich durchaus zu sandfarbenen Regen- oder Ka-
melhaarmänteln.

Materialien

Ursprünglich bestehen Hüte aus Wolle, der Haarhut stellt eine qualitative Veredelung der Kopfbedeckung dar. Ein Wollhut ist leichter zu im-
prägnieren und strapazierfähiger als der weniger
feste Haarhut. Deshalb empfehlen sich Wollhüte
für freizeitliche Anlässe. Für hochwertige Wollhüte wird Merinowolle verarbeitet. Haarhüte werden aus Hasen- und Kaninchenhaar produziert.
Für besonders edle Hüte wählt man Biber. Vom

Rücken des Wildhasen stammen Kurz- und Lang-
velourshüte. Beim Haarhut wird zwischen Kurz-
und Langvelours unterschieden. Der Kurzvelours
ist ein Trockenvelours, der in trockenem Zustand
mit der Fischhaut aufgerissen und dann mit einer
Schermaschine auf die entsprechende Haarlänge
eingestellt wird.

Herstellung

Zunächst wird das Kaninchen-, Hasen- oder Bi-
berhaar zum Stumpen geformt. Dabei werden die
Haare über einem sich drehenden, konischen Zylinder geblasen und mit feuchtem Dampf zum
Rohling verfestigt und verfilzt. Der Rand des
Stumpen wird gebrochen und ausgestoßen, mit
Hilfe der Anformmaschine vorgeformt und auf
der Plattier- bzw. Ziehmaschine auf die Form
gezogen. Bei der Hand- bzw. Stockplattierung
wird gemäß der Kopfgröße der Stumpen gefeuch-
tet und auf einen Holzkopf gezogen und geformt. Anschließend gelangt der Rohling unter die
Dampfglocke, um dann rund 2 1/2 Stunden in der
Trockenkammer auf Formen zu trocknen.

Beim folgenden Zurichten mit der Randschneide-
maschine wird die Krempenbreite bestimmt. Mit
der Schärfmaschine wird dem Krempenrand in einem 1 1/2 cm breiten Streifen ein Drittel des Ma-
terialvolumens abgenommen, damit man ihn um-
legen kann. Schließlich wird er mit der Stepp-
maschine umgesteppt und beschnitten. Der Hut
bekommt im Krempenbereich Spannung, indem

man ihn über ein Tau von Hand bügelt. Die Neigung der Krempe, die sogenannte Schlüsselung, entsteht halbmaschinell mit der Randbügelmaschine, der Bund wird rolliert. Abschließend wird der Rand noch einmal durch Druck auf einen Sandsack fixiert, der Filz verdichtet, die Form stabilisiert und die Restfeuchte herausgenommen.

Zum Nachpressen, das die Grundform der Krempe und des Kopfteils festlegt, wählt man einen hölzernen vollvolumigen Kopf mit Krempenform, den sogenannten Rastelrand. Holz hat den Vorteil, daß es die Hitze voll aufnimmt und somit die tierischen Fasern schonendst behandelt.

Schon der Stumpenfabrikation wird manchen Hüten Schellack als Appretur bis zu 2 cm zum oberen Rand beigegeben, wodurch sich die Krempe versteift. Ohne Appretur müßte die doppelte Materialmenge verarbeitet werden, wodurch die Krempe des Hutes unförmig würde. Nach der Pressung wird die Façon mit dem Bund eingefaßt. Die Staffierung ist der letzte Schritt zum erstklassigen Hut. 10 bis 12 Tage dauert es, bis er fertiggestellt ist.

Internationale Kollektionen

Christys' und Lock in London sowie Borsalino in Italien und Stetson in Nordamerika sind für die Herstellung klassischer Hüte ebenso bedeutend wie Zapf in Werfen und Bad Gastein als renommiertester Jagdhutspezialist bekannt ist. Den perfekten Chapeau Claque läßt der Hutkenner bei

Eisele im Schwarzwald arbeiten, Turf- und Seidenzylinder bei Christys' in London.

Stil

Ob Männer in geschlossenen Räumlichkeiten den
Hut aufbehalten dürfen oder abnehmen sollten,
ist trotz der erwähnten englischen Regel auf dem
Kontinent umstritten. In christlichen Kirchen ist
er grundsätzlich abzunehmen, in jüdischen Syna-
gogen aufzusetzen. Das Abnehmen des Hutes ist
eine Ehrbezeugung. Mützen und weiche Tweed-
hüte gelten in diesem Sinne nicht als Hut und
brauchen deshalb in der Stadt nicht abgenommen
und zum Gruße geschwenkt werden. Zum Gruß
zieht der Herr den Hut mit der zum Grüßen ab-
gewandten Hand, damit der Hut nicht den Blick
versperrt. Zum Händeschütteln zieht der Herr mit
Links den Hut und grüßt mit der rechten Hand,
wobei der Hut an die Brust gehalten wird, bis der
Handgruß beendet ist. Auf der Jagd wird der Hut
zum Gruß nicht gezogen.

Anlaß	Hut zum	Form (Modelle)	Krempe (Hutrand)
	Frack	Chapeau claque	rund, steif, mit schwarzem Ripsband eingefaßt
OFFICIAL	Smoking	Chapeau claque	siehe oben
		Bowler (Melone, Derby)	steif, mit Ripsband eingefaßt
		Homburg	steif, hochgerollt (rouliert), mit schwarzem Ripsband eingefaßt
		Camber	vorne flach, seitl. u. hinten hochgebogen, unbordiert mit Ripsband eingefaßt
	Dinner-Jackett	Boater (Canotier)	steif, umlaufend gerade
		Homburg	siehe oben
		Eden (Demi-Homburg)	halbsteif, hochgestellt, gerader Schnittrand
	Cutaway	Grauer Zylinder (Turfzylinder)	steif, rund, mit grauem Ripsband eingefaßt
		Glanzzylinder	steif, rund, mit Ripsband belegt
	Stresemann	Bowler (Melone, Derby), Homburg	siehe oben
	Schwarzer Anzug	Homburg, Eden (Demi-Homburg), Camber	siehe oben
	Halboffizieller Anzug	Homburg, Eden (Demi-Homburg), Camber	siehe oben
		Klapprandhut	geschwungen, vorn flach, seitl. u. hinten leicht aufgebogen, geschnitten eingefaßt oder umgelegt
BUSINESS	Stadt-/Geschäftsanzug	Homburg, Eden (Demi-Homburg), Camber	siehe oben
		Panama	weich, individuell zu formen
		Boater (Canotier)	siehe oben
		Klapprandhut	siehe oben
		Porkpie (Ententeich)	geschwungen, vorn flach, seitl. u. hinten leicht aufgebogen, geschnitten und eingefaßt
	Blazer	Klapprandhut, Porkpie (Ententeich), Boater (Canotier), Panama	
	Sportanzug	Klapprandhut, Porkpie	siehe oben
		Snapbrim	geschwungen, individuell gebogen
		Sporthut	schmal, weich, schlapp

Krone (Hut)	Schmuckband (Garnitur)	Material	Farben/Dessins
steife Zylinderform, ca. 13,5 cm hoch	schwarzes Ripsband mit seitlicher Schleife	Federgestell mit Seide überzogen	mattes schwarz
siehe oben			
steife Melone (Halbkugel)	schwarzes Ripsband mit Schleife	Haarfilz mit Schellack versteift	schwarz
steif, dreifach eingedrückt	schwarzes Ripsband mit Schleife	Haarfilz	schwarz
dreifach eingedrückt	schwarzes Ripsband mit Schleife	Haarfilz	schwarz
steife, flache Zylinderform	schwarzes Ripsband mit Schleife	Stroh	strohgelb
siehe oben			
halbsteif, dreifach eingedrückt	schwarzes Ripsband mit Schleife	Haarfilz	schwarz
steife Zylinderform, ca. 13,5 cm hoch	schwarzes durch-laufendes Filzband	Haarfilz mit Schellack versteift	grau
steife Zylinderform, unterschiedl. Höhe	schwarzes durch-laufendes Filzband	Haarfilz mit Schellack versteift	glänzendes Schwarz
	schwarzes und graues Ripsband		schwarz, grau
siehe oben			
dreifach eingedrückt (Triangelbeule)	schwarzes oder unifarbenes Ripsband mit Schleife	Haarfilz	schwarz
siehe oben			
weich, individuell zu formen	schwarzes oder braunes Ripsband	Blätter der Kolbenpalme, Ecuador	strohgelb
	schwarzes Ripsband		
siehe oben			
rund, mit flachem Kopf und Tellerbeule Ententeich	schmales, unifarbenes Ripsband mit Schleife	Haarfilz	olivgrün, dunkelgrün, taubengrau, tabakbraun, dunkelblau, schwarz
siehe oben			
siehe oben			
Triangelbeule Ententeich	schmales Schmuckband aus Haarfilz mit Schleife	aufgerauhter weicher Haarfilz	olivgrün, braun
weich, individuell geformt	schmales Schmuckband aus Hutstoff	Wolle, Tweed	uni Wolldessins

Anlaß	Hut zum	Form (Modelle)	Krempe (Hutrand)
		Deerstalker	umlaufend, schlapp
		Boater, Panama	siehe oben
	Sportsakko	Snapbirm, Boater, Panama, Klappenrandhut, Schirmmütze, Sporthut, Porkpie	siehe oben
CASUAL	Norfolk Anzug	Deerstalker	siehe oben
		Schirmmütze	waagerecht abstehende vordere Krempe unterschiedl. Länge
	Joppe/Janker	Jagdhut	
		Kaiserhut Franz-Joseph	steif, hochgerollt, umgelegt
		Cumberland	steif, hochgerollt, umgelegt
		Graf Galen	steif, hochgerollt, umgelegt
		Gmundener	geschwungen, vorne flach, seitl. u. hinten hochgezogen, mit dunkelgrünem Ripsband eingefaßt
		Lamberg	geschwungen, vorne flach, seitl. u. hinten hochgezogen, umgelegt
		Graf Lamberg	geschwungen, vorne flach, seitl. u. hinten hochgezogen, umgelegt
		Graf Andrassy	geschwungen, vorne flach, seitl. u. hinten hochgezogen
		Grundlsee	weich, geschw., vorne flach, seitl. u. hinten hochgezogen
		Altausseer	geschwungen, vorne flach, seitl. u. hinten hochgezogen, mit dunkelgrünem Ripsband eingefaßt
		Fürst Schwarzenberg	geschwungen, vorne flach, seitl. u. hinten hochgezogen, umgeschlagen, abgesteppt
		Habsburg	gerade, umgelegt, gepaspelt
	Blouson	Schirmmütze	siehe oben

Krone (Hut)	Schmuckband (Garnitur)	Material	Farben/Dessins
halbrund, zentrierter Wollknopf	umlaufendes Tweedband	Tweed	Wolldessins
siehe oben			
siehe oben			
siehe oben			
flacher, weich anliegender Kopf		Wolle Tweed	Wolldessins, uni
steife Melone	doppelte grüne Kordel mit hinterer Schlaufe	rauher Haarfilz	rot-braun-melange
Dreispitz	doppelte grüne Kordel mit hinterer Schlaufe	rauher Haarfilz	dunkelbraun
Dreispitz	fünffache kaisergelbe Kordel mit hinterer Schnecke	sticheliger Haarfilz	schwarz
hoher Kopf mit flachem Teller	doppeltes, dunkelgrünes Ripsband mit hinterer Schleife	feiner Haarfilz	schwarz
Triangelbeule	vierfache kaisergelbe Kordel mit hinterem Lambergverschluß	Haarfilz	schwarz
Triangelbeule	vierfache kaisergelbe Kordel mit seitlicher Dreierschlaufe	Haarfilz	schwarz
Dreispitz	dreifache, mittelgrüne dicke Kordel mit hinterer Schnecke	Haarfilz	schwarz, dunkelgrün
Triangelbeule	kaisergelbes Ripsband mit hinterer Schlaufe	Haarfilz	schwarz
Triangelbeule	dunkelgrünes Ripsband mit hinterer Schleife	Haarfilz	schwarz
Triangelbeule	vierfache kaisergelbe Kordel mit Lambergverschluß	Haarfilz	schwarz
Triangelbeule	vierfache kaisergelbe Kordel mit seitl. Lambergverschluß	feiner Haarfilz	dunkelgrün schwarz dunkelbraun
siehe oben			

Unterwäsche

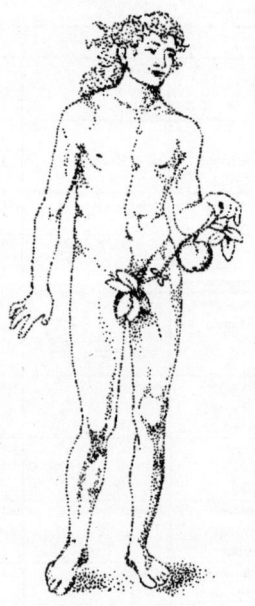

Historie

Vom Feigenblatt bis zur Designer-Boxershort –
die Geschichte der Unterwäsche ist die Geschichte
eines Tabus, der "Unaussprechlichen" eben. Das
spärliche historische Material bestätigt, was der
Name bereits andeutet: die untergeordnete Rolle
der Unterwäsche.

In der mitteleuropäischen Kultur bildet das Hemd den Ursprung der Unterwäsche. 1735 heißt es im Universallexikon: "Hemd ist die Bekleidung des Leibes, so die Menschen über die bloße Haut zu ziehen pflegen". Bis weit ins 19. Jahrhundert hinein tragen alle Schichten und Geschlechter, Junge und Alte auf dem Land und in der Stadt ein langes Hemd, das zugleich auch die Unterhose ersetzt und oft als Nachthemd mitbenutzt wird.

Zu allen Zeiten hat das (Unter-)Hemd vielfache symbolische Bedeutung, beispielsweise als Ausdruck der Unschuld des Kindes bei der Taufe, an dessen Sinngehalt das Totenhemd anschließt. Dieses letzte Hemd hat bekanntlich keine Taschen. Man kann einem Menschen alles nehmen, nur nicht sein letztes Hemd; es bleibt ihm auch in größter Armut: der Mensch wird eben 'nur' bis aufs Hemd ausgezogen.

Die Unterhose ist über viele Jahrhunderte unbekannt und verbreitet sich in der Französischen Revolution, zunächst jedoch nur in den höheren Schichten. Die Landbevölkerung trägt vielerorts bis ins 20. Jahrhundert keine Unterhose und noch um 1910 häufig nur im Winter! Die Unterhose beginnt sich jedoch seit Mitte des 19. Jahrhunderts aus offensichtlich hygienischen Gründen durchzusetzen.

In gutbürgerlichen Kreisen trägt der Herr zu Beginn des 20. Jahrhunderts eine Unterjacke mit langen Armen und langen Unterhosen. Kurze Unterhosen, sogenannte Schlüpfer, kommen erst später auf. Typisch ist zu Beginn unseres Jahrhunderts die sogenannte Garnitur, bei der Unterjacke, Unterhose und nicht selten auch Strümpfe aufeinander abgestimmt sind. Turnvater Jahns Sportbegeisterung setzt die Entwicklung ärmelloser Unterhemden und -hosen, die bis zum Knie reichen, in Gang. Mit dem neuen Material Latex hält Ende der zwanziger Jahre auch der Komfort Einzug: das Gummiband löst den Schnürgürtel ab. Man(n) hat nun die Wahl zwischen den amerikanischen einteiligen "Bodysuits" und der ersten enganliegenden kurzen Unterhose, der "jockey shorts", die Kontinentaleuropa im Nu erobert.

Der Zweite Weltkrieg beschleunigt die Entwicklung. Das Unterhemd verliert seine Knopfleiste und wird über den Kopf gezogen, die ersten Boxershorts tauchen aus Amerika auf. Daneben behauptet sich in Europa lange Zeit die enganliegende weiße Trikotwäsche, bevor in den sechziger Jahren die Wäsche Farbe bekennt und die Designer daraus einen Modeartikel machen.

Materialien

Leinen ist das älteste Material für Unterwäsche überhaupt. Schon die alten Ägypter bevorzugten das aus den Stengel der Flachspflanze gewonnene Gewebe. Im viktorianischen England wird der Ausdruck 'Linnen' zum Synonym für Herrenunterwäsche.

Baumwolle ist eine feine Naturfaser mit angenehmen Trage-Eigenschaften. Mako-Baumwolle ist eine besonders feine langstapelige ägyptische

Qualität. Je langstapeliger die Rohware, desto stabiler das Garn. Vor dem Verspinnen müssen die Garne gekämmt werden. Baumwolle kann auf verschiedene Weise behandelt und verarbeitet werden.

Mercerisierte Baumwolle wird mit ökologisch unbedenklicher Natronlauge gewaschen und dadurch besonders fest, widerstandsfähig und seidenglänzend.

Bei *gasierter Baumwolle* werden mit kleinen Gasflämmchen die vorstehenden Faserenden abgesengt. Der Stoff wird leichter und seidiger.

Feinripp ist ein superfeines Gestrick aus langstapeliger, supergekämmter, meist gasierter und mercerisierter Baumwolle in 1/1 Rippe und 15er - 22er Teilung. Feinripp ist elastisch, fein und seidenglatt.

Doppelripp aus langstapeliger supergekämmter Baumwolle wird in 2/2 Rippe (15er - 22er Teilung) gestrickt und ist höchst elastisch, saugfähig und hautsympathisch.

Single Jersey nennt man die feinste Ausspinnung hochwertiger Baumwolle, die zu einem federleichten Gestrick in 32er Teilung verarbeitet wird. Das ebenmäßige Maschenbild hebt die "glänzenden" Eigenschaften der gasierten und mercerisierten Baumwolle besonders hervor.

Baumwollmischgewebe
Durch einen 5%-igen Lycra-Anteil wird die

Paßformbeständigkeit erhöht. Eine Viskose-Beimischung gibt Glanz und Elastizität.

Trikot (franz. "Tricot", nordfranz. Textilort) ist eine stark dehnbare Maschenware, die sich eng an den Körper anlegt. Als Unterhemd zumeist aus Baumwolltrikot.

Seide ist das luxuriöseste Wäschematerial. Seide überzeugt vor allem durch Glanz und kühle Trageeigenschaften.

Angora, die heutige Gesundheitsunterwäsche aus Kaninchen- oder Ziegenangora, geht auf Dr. Gustav Jäger zurück, der um 1880 den Mann ganz in Wolle hüllen wollte. Angorawäsche empfiehlt sich zum Skilaufen und bei rheumatischen Erkrankungen.

Formen

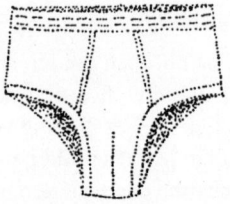

Taillenslip
Der Klassiker! Das Jockey-Original aus dem Jahre 1934 hat einen Eingriff in Y-Form (auch in X-Form erhältlich) und reicht über die Hüften.

Hüftslip
Etwas weniger Leibhöhe und knapper geschnitten
als das Original. Mit und ohne Eingriff.

Sportslip
Die sportliche Form. Knapp und doch komfortabel in der Schnittführung. Meist ohne Eingriff,
aber auch in Y-Form.

T-Slip
Der Moderne, kleiner als der Sportslip, größer als
ein Tanga. Mit hohem Beinausschnitt, ohne Eingriff und breitem Soft- oder Gürtel-Gummiband à
la Nikos.

Tanga
Klein und knapp.

Boxershort
Der Boxring prägt seit 60 Jahren den Namen und
das Design der Boxershorts, die von den SØR
Herrenausstattern nach dem Zweiten Weltkrieg in
Deutschland eingeführt wurden. Diese sportliche,
bequeme Hose mit weitem Bein und einem Ho-
senschlitz mit oder ohne Knöpfe ist aufwendig
und bequem geschnitten, hinten besonders geräu-
mig ("reichliches Bassin") und ohne Mittelnaht.
Aus Web- aber auch Trikotware.

Medium/Retro
Renaissance eines Klassikers: Hüftslip mit enganliegenden 1/4 Beinen. Exakt auf die Anatomie des Mannes zugeschnitten.

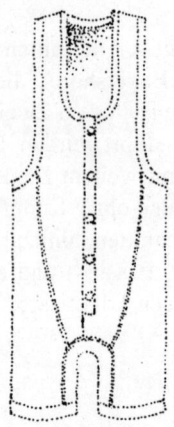

Bodysuit
Durchgehender Body, der Brust, Gesäß und Beine
umschließt. Mit kurzem Arm oder großzügigem
Armausschnitt und engem, kurzem Bein, mit oder
ohne Knopfleiste.

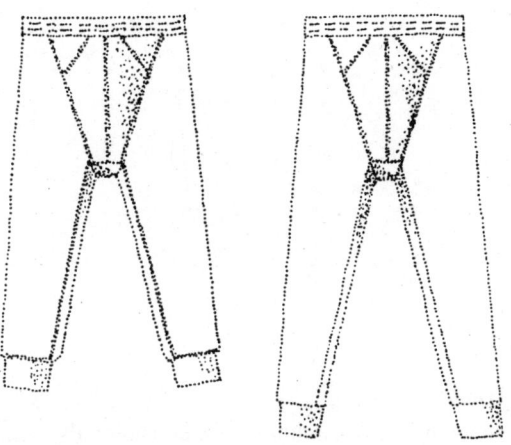

Langformen
Knöchellang (lange Unterhose) oder mit 1/2 Bein,
als Overknee mit 3/4 Bein. Mit elastischem Ab-
schluß und engen, an den Innenseiten verstärkten
Beinen.

Unterhemden:

Hemd mit Arm
Das korrekte Unterhemd. Mit angesetztem Kurz-

oder Langarm und Rundausschnitt am Hals. Das anatomisch richtig geschnittene Unterhemd ist hinten länger als vorn und an den Seiten etwas höher geschnitten ("Frackschnitt").

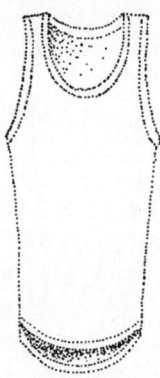

Ärmelloses Hemd
Bequeme Armausschnitte, hinten länger als vorn. Mit rundem Halsausschnitt oder mit Trapezausschnitt.

T-Shirt (training-shirt)
Ursprünglich das training-shirt der US-Truppen, seit den 50er Jahren auch als Oberhemd getragen, setzt sich das komfortabel geschnittene T-Shirt mit Kurzarm und Rundhalsausschnitt auch auf dem europäischen Kontinent durch, in den 70er Jahren bunt bedruckt. Klassisch in weiß für "drunter und drüber".

Paßform

Noch im 18. Jahrhundert strangulierten Männer ihren Körper mit drahtverstärkter Wäsche. Spätestens mit der Französischen Revolution streift auch der Mitteleuropäer diese drahtigen Fesseln ab. Da sich die lange Männerhose und das locker sitzende Herrenjacket durchsetzen, bedarf es nun nicht mehr der durch die Unterwäsche geformten Körper. Bis heute gilt die Grundregel der guten Paßform: "Kaufe Unterwäsche besser zu weit als zu knapp".

Dessins

Uni/Melange
Die klassische Wäsche-Farbe ist weiß, Unis heute in allen Farben.

Streifen
Längsstreifen sind in allen Farbkombinationen und Streifenbreiten typisch.

Karos
Für Boxershorts sind traditionelle Argyle-Karos oder moderne Karovarianten empfehlenswert.

Phantasie-Muster/Botschaften
Blumenornamente, Landkarten, Wolkenkratzer, Noten . . . es gibt nichts, was nicht seinen Platz auf einer Boxershort oder einem akutellen Slip fände. Die Ornamentierwut gipfelt in einem zweifelhaften Drang, Wäsche mit unzweideutigen "Botschaften" zu bedrucken.

Verarbeitung

Neben erstklassigen Qualitäten des Gestricks bzw. Gewirks sind besondere Qualitätsmerkmale bei der Unterhose absolut flache und garantiert nicht auftragende Eingriffe und Nähte (Flatlock-Naht), Gesäß und Frontbereich gedoppelt, Verstärkungen an den Innenseiten, die Verlegung der Naht aus dem Schrittbereich, feine Einfassungen des Beinausschnitts, ein Gummiband, das nicht ausleiert und vergilbt. Die Nahtstelle des Bundes wird vom Faltetikett überdeckt. Eine hohe Dichte von Kette und Schuß garantiert dauerhafte Stabilität.

Das perfekte Unterhemd zeichnet sich dadurch aus, daß die Saumnähte am Ende verriegelt und Schulternähte und der hintere Halsausschnitt mit durchgehendem Abdeckband ganz flach verarbeitet sind.

Internationale Kollektionen

Erfinder der X-förmigen, überlappenden Hosenöffnung war vor 80 Jahren T.S. Cooper. Das Original heißt seit 1934 "Jockey".

Die Jockey-Unterhose 1007 mit ihrem patentierten, umgekehrten Y-Schnitt ist die Unterhose schlechthin. Calvin Klein kopierte das Design, versah es mit seinem Label und machte daraus einen Renner. Viele Designer kopierten die Kopie. Jockey ist und bleibt aber das Original, auch für Andy Warhol, die Kultfigur der Pop Art-Szene der 70er und 80er Jahre: "Ich kann mich nicht dazu durchringen, Jockey aufzugeben".

Die neueste Wäsche-Marke für höchste Ansprüche heißt Moonday. Dabei handelt es sich um eine gelungene Synthese klassischer Formen und aktueller Details in aufwendiger Verarbeitung. Ebenfalls bereits ein Klassiker: erstklassig verarbeitete Boxershorts von SØR und van Laack.

Stil

Wann trägt der Mann welche Unterwäsche? Wozu soll sie ihm nutzen? Damit ist nach den Anlässen und Funktionen der Unterwäsche gefragt. Zunächst dient die Unterwäsche der Sauberkeit und trennt die Oberkleidung von der transpirierenden Haut. Bereits 1882 wird betont, daß Unterwäsche "nicht nur durch ihre Stoffdicke, sondern auch durch die bestehende Zwischenschicht von Luft warm(hält)". Unterwäsche hat also die Funktion des Klimaschutzes. Die luftgefüllten Zwischenräume der mehrschichtigen Kleidung dienen als Klimapolster. Das Klima sollte also die Wahl der Unterwäsche direkt beeinflussen. Unterwäsche diente nicht nur bei weiblicher Kleidung zur Formung der Figur und zur sozialen Klassifizierung des Trägers. Unterwäsche hat auch einen kommunikativen Aspekt; dieser ist nicht zuletzt ein erotischer. Welche Unterwäsche der Herr auch tragen möge, so erinnere er sich doch des englischen Bonmots, daß die Unterwäsche eines Gentleman Würde, Charme und Einfachheit besitzen solle! – "Zeige mir Deine Wäsche und ich sage Dir, wer Du bist".

Formentabelle

	Page	Homme	1/2 Patron	Patron	Grand Patron	Ex. GP	S.EX. GP
Südeuropäische Größen Taille (Frankreich und Italien)	1	2	3	4	5	6	7
Englische Größen Slips (Taille in Inch)	29	31	33	35	37	39	41
Shirts und Singlets (Brustumfang in Inch)	34	36	38	40	42	44	46
Amerikanische Größen	XXS	XS	S	M	L	XL	XXL
Slips (Taille in Inch)	20/22	24/26	28/30	32/34	36/38	40/42	44/46
Shirts und Singlets (Brustumfang in Inch)	26/28	30/32	34/36	38/40	42/44	46/48	50/52
Nordeuropäische Größen (Niederlande/Deutschland)	2	3	4	5	6	7	8

Taschentuch

Historie

Man(n) "muß man bei allem, was das Taschentuch betrifft, überlegen, daß sich hier das Ordinäre und das Höfische, daß sich Kuhstall und Kemenate die Hand reichen."
(Gustav Freytag, Bilder aus der deutschen Vergangenheit)

"Durch das Taschentuch schaut man auf menschliche Urbedürfnisse". (Sigmund Freud)

Nicht nur beim Schnupfen ist das Taschentuch ein unverzichtbarer Begleiter des Herren: als hilfreicher Knoten für vergeßliche Zeitgenossen, gegen den Schweiß auf Hand und Stirn, beim umgeschütteten Glas oder für die beschmutzte Brille – das Tuch in der Tasche hilft in allen Lebenslagen. Es akzentuiert den Gemütszustand, schmückt und bereichert die Gesten von Abschied und Trauer, trocknet die Freuden- und Leidenstränen. Das Taschentuch ist uns so selbstverständlich geworden, daß wir kaum noch über seine Notwendigkeit nachdenken. Tun wir es doch, überraschen uns die vielfältigen praktischen, hygienischen, symbolischen, ästhetischen und erotischen Funktionen. Für vieles läßt es sich verwenden. Ohne Taschentuch bleiben nur die Finger – der Mensch in seinem Urzustand. Zunächst war also die Hand, dann vielleicht ein Blatt und schließlich das gewebte Tuch.
Den ersten kulturhistorischen Hinweis auf das Ta-

schentuch liefert die chinesische Kultur zur Zeit der Dynastie Chou (1.000 v. Chr.) und die syrische Kunst ca. 700 v. Chr. Aus der Zeit des Catulls ist das Taschentuch literarisch belegt. Die Römer der Antike nennen das Taschentuch 'Sudarium' = (lat. Sudor-Schweiß). Damit wird die benetzte Stirn getrocknet, als Schnupftuch findet es jedoch kaum Verwendung. Verbreitet ist schon der symbolische Gebrauch: mit dem Taschentuch wird gewunken und gegrüßt.

In der Renaissance erlebt das Taschentuch einen Bedeutungswandel: als kostbare Ziertücher (Fazzoletti) zum einen, als einfache Schneuztücher (Drapeselli) zum anderen. Die Ziertücher werden in der Hand gehalten, die Kleider hatten damals zumeist noch keine Taschen, ans Bein oder an den Oberarm gebunden. Ziertücher werden zum Luxusgegenstand und Schmuck der Aristokratie: aus Seide, mit Gold und Silber durchwirkt und mit Perlen und handgeklöppelten Spitzen verziert.

Goldbestickte Taschentücher in der Renaissance bleiben den höheren Ständen vorbehalten. Der Rat der Stadt Halberstadt erläßt im Jahr 1600 den Erlaß: "Das Schnupftuch des 1. Standes soll nicht über 2 Taler, des anderen über 1 Taler des 3. Standes über einen halben Taler wert sein. Schon bei Strafe einer neuen Mark wird den Frauen und Jungfrauen die Verwendung von Perlen untersagt."

Taschentücher sind immer schon beliebte Geschenkartikel (Dürer notiert 1520 auf der niederländischen Reise, in Köln von Munch ein Fazza-

letto geschenkt bekommen zu haben). 1588 über-
mittelt Catharina von Brandenburg ihren Söh-
nen, die an der Universität Straßburg studieren,
mehrere Stofftücher. Als Liebespfand und sym-
bolreiche Geste geistert es durch die Geschichte. Die Damen überreichen es ihren Kavalieren.
Taschentücher als beliebte Liebespfänder schenkt
der König gern auch seinen Mätressen (und er-
bittet sie sich nach deren Tode zurück). Seit dem
19. Jahrhundert wird vor allem der praktische Ge-
brauchswert als Schnupftuch (frz. - Mouchoir, lat.
Muccus = Schnott) erkannt. Auch in dieser Zeit
gebraucht das einfache Volk vielfach noch die Finger. Darauf verweist das überlieferte Rätsel: "Was
ist's? Der König steckt's ein, der Bauer wirft's
weg?" Der zunehmende Konsum des Schnupfta-
baks nach der Entdeckung Amerikas fördert die
allgemeine Verbreitung des Taschentuchs. Zum
eleganten Schnupfen der braunen Prise bewährt
sich das Taschentuch schnell. Nun werden sie
nicht länger weiß sondern dunkelgrundig fabri-
ziert, um die braunen Flecken zu verdecken. Das
Tabakschnupfen demokratisiert das Taschentuch.
Aber auch die Verbreitung der Baumwolle und
neue Techniken in der Textilwirtschaft verhelfen
dem einstigen Luxustuch zum Gebrauchsgegen-
stand. Seide wird mehr und mehr durch Leinen
und Baumwolle ersetzt. Das Taschentuch findet
den Weg zur Nase – und bleibt doch als Accessoire unvergessen.

Das funktionelle Schneuztuch entwickelt sich
zum heutigen Taschentuch, die Zierfunktion er-

füllt nun das Einstecktuch. Dieses kleinere Taschentuch wird in die Brusttasche des Sakkos oder Mantels gesteckt und kommt in der 2. Hälfte des 19. Jahrhunderts mit dem Sakko auf, das eine linksseitige Brusttasche hat. Seit den 30er Jahren wird auch der Frack mit Brusttasche gearbeitet und bietet somit Platz für ein entsprechendes weißes Einstecktuch.

Auch im heutigen Zeitalter des funktionellen Papiertaschentuchs bleibt die symbolische und stilistische Bedeutung des Taschentuchs für alle Gelegenheiten erhalten.

Materialien

Baumwolle
ist die gebräuchlichste Tuch-Qualität: superfein, gekämmt und durch die angenehmen, saugfähigen Eigenschaften der Naturfaser ausgezeichnet. 200 m gezwirntes Baumwollgarn wiegen nur ca. 1 Gramm.

Seide
wird heute weniger als Taschen-, denn als Einstecktuch verarbeitet. Das feine Gewebe ist offensichtlich zu wenig saugfähig. Für die Bauschfaltung des Einstecktuches ist Seide am besten geeignet.

Leinen
Das feine Material aus den Stengeln der Flachspflanzen hat eine körnige Gewebestruktur und

charakteristische Garnverdickungen. Für Herrentaschentücher das 'non plus ultra'.

Halbleinen
Als Halbleinen bezeichnet man ein Baumwoll-
Leinen-Gemisch. Es ist hautsympathisch, unemp-
findlich und hochwertig.

Batist
ist ein hochfeines, leicht durchscheinendes Leinwandgewebe aus hochwertigen Garnen (Leinen-
oder Baumwollqualitäten). Feinster Mako-Batist
(Schweizer Batist) ist eine besondere Qualität aus
langstapeliger ägyptischer Baumwolle.

Formen

Taschentuch (Mouchoir)
"Quadratisch, praktisch, gut" gilt seit jeher für
das Taschentuch. Dabei sind beim gebräuchlichen
Herrentuch 40 x 40 cm bis 49 x 49 cm die emp-
fehlenswerte Bandbreite.

Einstecktuch (Pochette)
Damit das Schmucktuch in der Brusttasche nicht
zu dick aufträgt, empfiehlt sich ein quadratisches
Maß von 20 x 20 bis 40 x 40 cm. Als Accessoire
wertet es jedes Kleidungsensemble stilistisch auf.

Es empfehlen sich folgende Varianten, das Einstecktuch kunstvoll zu falten:

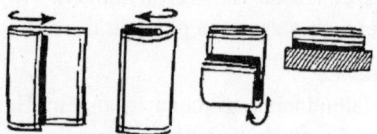

1. *Amerikanische Faltung*:
   Glatte Kanten, die bis zu 2 cm parallel zum oberen Rand der Brustleistentasche zu sehen sind; für alle Materialien, besonders für Businessanlässe geeignet.

2. *Kronenfaltung*:
   Mit zwei, drei oder mehreren Spitzen; für Leinen und Baumwolle so diagonal zu falten, daß die Spitzen nicht zu pedantisch übereinanderliegen.

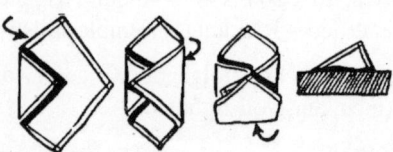

3. *Dreiecksfaltung*:
Die eleganteste Variante für Gesellschaftskleidung; geeignet für alle Materialien.

4. *Puffaltung*:
Bausch nach innen, Spitzen locker nach außen; für Sport und Businessanlässe, insbesondere für Seidentücher geeignet.

5. *Bauschfaltung*:
sportliche Variante, besonders für Seidentücher. Der Bausch sollte nicht zu weit heraus-
hängen.

Farben und Dessins

Unis

Weiß ist die perfekte Taschentuchfarbe. Weiße Taschentücher sind vielseitig kombinierbar und in
ihrer schlichten Eleganz universell zu verwenden.
Zur Gesellschaftskleidung ist das weiße Tuch ein
Muß, zu geschäftlichen Anlässen empfehlen sich

auch blaue und pastellfarbene Taschentücher mit
betonter (Satin-)Kante.

Kanten
1- oder 2farbige Kanten auf meist weißem Grund
sind für klassische Herrentaschentücher typisch.
Die umlaufenden Kanten betonen das Tuch in de-
zenter Weise.

Karos
Die klassische Variante für sportliche Anlässe:
buntgewebte Schottenkaros und dunkelgrundige
Tücher mit feinen Streifenkaros, ggfs. mit einer
Atlaskante in intensiven Kontrastfarben.

Ornamente und Drucke
Noch im 19. Jahrhundert gilt das bunte Schnupftuch als Arbeitertuch. Heute ist es für sportliche
Anlässe verbreitet. Bunt bedruckte Taschentücher
mit politischen Botschaften sind seit dem frühen
19. Jahrhundert bekannt, so das bekannte Spotta-
schentuch auf Napoleons gescheitertem Rußland-
feldzug 1812. Typisch sind heute Sport- und Jagd-
motive, Paisleymuster oder graphische Elemente.
Die Vielfalt schöner Drucke ist unendlich, ob dezent auf weißem oder leger auf farbigem Fond.

Wichtig ist ein Farbkontrast zwischen Anzug
und Einstecktuch. Das Taschentuch empfiehlt sich
möglichst in der Grundfarbe des Hemdes, bei
Streifenhemden in der Farbe des helleren Hem-
denstreifens. Das Einstecktuch orientiert sich an
den Farben und Mustern des Hemdes, der Krawatte und des Anzuges und sollte zu einer kontrastreichen, farblichen Harmonie führen. Es kann

mit der Hemdenstoffarbe identisch sein oder dem Krawattendesign nahe kommen. Keinesweg muß es jedoch dem Krawattenstoff entstammen. Es besteht jedoch auch kein Grund, Einstecktücher aus dem Krawattenstoff als Fauxpas abzulehnen.

Monogramme
Dezent gestickte persönliche Monogramme, heute vielfach ein kleines Statussymbol, dienen ursprünglich der Eigentumskennzeichnung und werden nicht offensichtlich nach außen gezeigt.

Verarbeitung

Die feinen Rohbaumwollballen werden gereinigt, gelockert, gekämmt, schließlich gesponnen und gewebt. Zur Veredelung des Rohgewebes durch Gasieren sengt man die vorstehenden Faserenden über Gasflämmchen ab, wodurch das Gewebe einen seidigen Griff erhält. Dic Ballen werden merzerisiert, indem sie durch Waschen in der Natronlauge ihren Glanz und ihre Widerstandsfähigkeit bekommen. Nun können die Stoffbahnen gefärbt und anschließend auf ihre vorgesehene Größe zugeschnitten werden. Hochwertige Taschentücher werden nun "handrolliert", d.h., die Kante wird von Hand schmal eingerollt und mit feinen Stichen genäht. Dieser handgenähte Rollsaum ist die Krönung feinster Tücher und vom einfachen durchgenähtem Saum deutlich zu unterscheiden.

Internationale Kollektionen

Handrollierte, feine Taschentücher kommen aus der Schweiz: Appenzell, St. Gallen und die umliegende Region sind traditioneller Sitz renommierter Stickereiindustrie. Besonders empfehlenswert sind Schweizer Taschentücher von Lehner und deutsche Taschentücher von Pelo mit Sitz in Aalen und Berlin. Pelo ist seit mehr als 120 Jahren berühmt für stilvolle Tücher.

Stil

Das Einstecktuch wertet die Kleidung jedes Herrn grundsätzlich auf. Der Gentleman weiß genau, daß er damit auf einfache Weise sein Kleidungsniveau anlaßgerecht anheben kann.
"To elevate his level of Style" nennen es die Engländer. Das Einstecktuch komplettiert die korrekte Kleidung des Herrn, vom Hausmantel bis zum Cutaway.

Badehose

Historie

Im Jahre 1824 ereignet sich im französischen See-
bad Dieppe eine Sensation: Caroline Marie Gräfin
Berry, Schwiegertochter König Karls X., erscheint
am Strand mit einem Zylinder, "großen gelben
Stiefeln und einem gegürteten knielangen Kittel aus feinster schwarzer Seide". Begleitet vom
Kurdirektor und unter den Klängen des Kurorche-
sters steigt sie in diesem Aufzug ins Meer – der
Badeanzug ist geboren.

Im Mittelalter ist das Baden bereits beliebt, doch spezielle Badekleidung kennt man noch nicht. Gebadet wird entweder nackt – natürlich streng getrennt nach den Geschlechtern – oder in einfacher Unterkleidung. Von Johann Wolfgang Goethe ist überliefert, daß er im Jahre 1775 eine "leinwandre Weste und Hose mit blauem Band für zehn Silbergroschen" erwirbt.

Caroline Marie ist auch eine der ersten, die zum Spaß ins Wasser geht. Zuvor gilt das Baden als Kurmittel zur Erhaltung der Gesundheit. Mit dem Aufkommen der allgemeinen Badelust, den berühmten Seebädern und dem Zusammenrücken von Herren- und Damenbad müssen sich die Männer nun bedecken, die bisher traditionsgemäß nackt – oder nur unter dem Schutz eines Badekarrens – geschwommen sind. Franzosen sollen die erste kurze, buntgestreifte Badehose erfunden haben.

Aber soviel Bauchfreiheit ist den Männern nicht lange gegönnt – kleinliche Sitten verlangen wieder größere Badehosen, die überhaupt nur noch an Herrenbadeplätzen erlaubt sind. In den seit 1900 aufkommenden Familienbädern müssen sich die Männer wieder von der Kehle bis zum Knie bedecken. Noch 1929 ist das oberkörperfreie Baden für den Herrn verboten.

Zu Beginn der dreißiger Jahre wird das Oberteil des Herrenbadeanzuges mehr und mehr ausgeschnitten. Die weiten Armlöcher verleiten erste wagemutige Herren dazu, die Träger ganz herunter zu rollen. Erst gegen Ende der dreißiger Jahre wird die einfache Badehose für den Herrn wieder 'strandfähig'. In den USA ersetzt der Herr den Gürtel der Badehose bereits durch eine innen geführte Schnur.

Erst nach dem Zweiten Weltkrieg wird Größe und Farbe der Badehose nicht mehr nur von den Tugendwächtern, sondern von der Mode diktiert. Badehosen aus Latexstoffen kommen auf; Ende der sechziger Jahre knapp geschnittene Badehosen aus luftdurchlässigen, schnell trocknenden Synthetics. 1970 sind oberschenkellange, enganliegende Badehosen en vogue, die zunehmend von den weiten, bequemen Badeshorts abgelöst werden.

Materialien

Als der Mann Ende des 19. Jahrhunderts noch
mehr 'badete' als schwamm, wird die Badekleidung aus Serge oder Flanell gefertigt. Erst seit
1915, mit dem Aufkommen der körpernahen Ba-
demode, wird Wolljersey verarbeitet.

Kunstfasern

Mitte der dreißiger Jahre tauchen die ersten
Kunstfasern auf. Sie ermöglichen die Herstellung leichter, formbeständiger Badekleidung.
Heute sind Badehosen aus Kunstfasern wie
Lycra besonders wegen der hervorragenden
Pflegeeigenschaften beliebt. Sie lassen sich
problemlos mit einem milden Feinwaschmit-
tel waschen und trocknen blitzschnell nach jedem Bad.

Naturfasern

Für Bermudas und Badeshorts werden zumeist
Baumwollstoffe bzw. Mischgewebe verarbeitet. Sie trocknen zwar nicht so schnell wie
Kunstfasern, zeichnen sich aber durch angenehmen Tragekomfort aus.

Farben

Um 1915 kommen in England die berühmten
quergestreiften, blau-weißen Schwimm-Trikots
für Herren auf. Während auf der Insel die noch
mutigeren Männer sogar zum rot-weißen Streifen greifen, werden in den deutschen Seebädern
in den dreißiger Jahren nur dunkelfarbige Anzüge geduldet, die in nassem Zustand undurchsichtig

bleiben. Die heutige Badekleidung hingegen besticht durch ihre farbliche Vielfalt.

Uni

Einfarbige Badehosen sind immer noch weit verbreitet; heutzutage aber in allen Farben – vom strahlenden Weiß bis hin zum klassischen Blau.

Hawaiimuster

Als Hawaiimuster werden auffallende, starkfarbige Blumenmuster bezeichnet. Nicht nur an nordamerikanischen Stränden sind Bermudas mit Hawaiimuster wieder besonders beliebt.

Karos

Karomuster finden sich häufig auf klassischen Badeshorts oder Bermudas. Das klare Schottenkaro wird vom Madraskaro unterschieden. Dieses aus Indien stammende Muster erkennt man an der leicht verschwommen wirkenden Musterung.

Formen

Form und Größe der Badehose sind heute allein von dem persönlichen Geschmack des Trägers und seiner körperlichen Konstitution abhängig. Ob Bermudas, Badeshorts oder knappe Badehose – erlaubt ist, was gefällt.

Bermudas

Die Ursprünge der Bermuda-Shorts liegen in Indien: Britische Soldaten schneiden Anfang des Jahrhunderts ihre Uniformhosen der

feucht-schwülen Hitze wegen knapp über dem
Knie ab. Die 'gekappten' Hosenbeine machen
die Bermudas Jahrzehnte später zu einer lufti-
gen, allseits beliebten Strandkleidung, die seit
den fünfziger Jahren die westliche Welt erobert hat. Mit besonders großen, auffälligen
Mustern beherrschen sie auch heute wieder die
Strandmode.

Shorts

Shorts sind knapp bis zu den Oberschenkeln
reichende Sport- und Freizeithosen. 'Erfunden' wurden sie vom englischen Tennisstar
Runny Austin. Seit 1932 verblüfft er in diesem
Dreß die Zuschauer auf dem Court. Die amerikanische, oberschenkellange Unterhose wird
damit vorzeigbar. Badeshorts unterschiedlicher Länge breiten sich mit vielfältigen Dessinierungen seit dem Zweiten Weltkrieg an den
Stränden aus. Besonders knapp geschnittene
Badehosen in Slipform erreichen in den sieb-
ziger Jahren ihren Höhepunkt. Heute erhalten
die bequemen Badeshorts vielfach den Vor-
zug.

Bademantel

Historie

Als um 1880 das Baden im Meer populär wird, benötigt die Dame am Strand eine Art Cape aus Biber, Flanell oder frottierähnlichem Stoff. Nicht nur als Schutz gegen Sonne, Wind und Kälte, sondern vor allem als 'Sichtschutz' für den Weg ins Meer. Seit 1900 übernehmen auch die Herren diese Mode – allerdings ist der Schnitt dem Hausmantel angeglichen.

Materialien

Hochwertige Bademäntel werden heute zumeist aus Frottier hergestellt. Die häufig gebrauchte Bezeichnung Frottee ist irreführend, da unter Frottee ein hartes Gewebe aus Baumwolle, Leinen, Kokos oder sogar Jute verstanden wird. Frottee-Tücher werden ausschließlich zu Massagezwecken verwendet.

Walkfrottier

Walkfrottier erkennt man an den langen, ungeordnet wirkenden Schlingen. Beim Zwirnwalk bestehen diese dagegen aus weich gedrehtem Zwirn. Walkfrottier besitzt bei hoher Schlingendichte eine hervorragende Saugfähigkeit und Weichheit. Es ist die wertvollste Frottierware. In den fünfziger Jahren entwickelte SØR in Zusammenarbeit mit Egeria den ersten Bademantel aus diesem Material, das zuvor nur für Handtücher verarbeitet wurde. Seither haben sich Bademäntel aus Walkfrottier zu einem modernen Klassiker entwickelt.

Veloursfrottier

Veloursfrottier hat eine samtartige, geschorene Oberfläche. Die Velourseite ist wenig saugfähig, aber sehr weich; die Innenseite besteht meist aus Walkfrottier.

Farben

Der klassische Bademantel ist einfarbig. Bei vielen Modellen findet man kontrastreiche Paspelierungen oder Aufschläge. Auch Phantasiemuster gewinnen immer mehr an Bedeutung.

Formen

Bademäntel gibt es mit oder ohne Kapuze, aber immer knopflos, denn sie werden nur mit einem Gürtel geschlossen. Bademäntel werden im Kimono-Stil, mit Schalkragen oder spitzem bzw. fallendem Revers gearbeitet.

Lederbekleidung

Historie

Leder ist ein Naturprodukt; es ist älter als jede textile Bekleidung. Die Menschen der Urzeit schützen sich gegen die Unbilden der Witterung und Verletzungen mit Tierfellen und Häuten.

Um Leder haltbar zu machen, muß es konserviert, gegerbt und zugerichtet werden.

Nach dem Enthäuten der Tiere wird die Haut gesalzt, um ihr Feuchtigkeit zu entziehen, und konserviert, um sie gegen Bakterienbefall zu schützen. In der Wasserwerkstatt werden die Häute aufgeweicht, enthaart, gesäubert und gegerbt.

Gerbung

Drei Methoden sind zu unterscheiden: Chromgerbung, pflanzliche Gerbung und Sämischgerbung.

Die beste Methode ist die mit mineralischen Salzen vorgenommene Chromgerbung. Das Leder bleibt reißfest, weich und lichtbeständig. Oft werden aber auch die pflanzliche und mineralische Gerbung kombiniert. Mit großen Pressen wird das Leder entwässert und dann mit der Falzmaschine auf die gewünschte gleichmäßige Lederstärke gebracht.

Färben

Drei Methoden des Lederfärbens sind zu unterscheiden:

Die hochwertige *Anilinfärbung* mit transparenten Anilinfarben, die ganz in das Leder einsickern.

Bei der *Pigmentfärbung* wird das Leder mit Deckfarbe abgespritzt. Die Farbe bleibt nur auf der Oberfläche und deckt die Narben und Unregelmäßigkeiten mit Farbe zu.

Die *Semianilinfärbung* kombiniert zwei Methoden. Nach dem ersten Anilindurchgang werden anschließend die Unregelmäßigkeiten weggespritzt.

Das Leder muß nach dem Färben imprägniert und eingefettet werden. Bei Nappaleder (aus der äußeren Narbenseite der Haut) wird die glatte Oberfläche vorher noch etwas gebügelt. Bei Velourlederqualitäten wird die innere Fleischseite der Haut geschliffen (veloutiert). Dabei wird mit Kratzwalzen der Schliff für das entstehende Leder sehr fein gemacht.

Qualitäten

Porc ist eigentlich nur ein anderer Name für unser altbekanntes Hausschwein. Porcleder wird für die Herstellung von Handschuhen, Schuhen und Lederbekleidung verwendet.

Peccary ist das Leder von freilebenden Wasserschweinen. Es ist sehr weich, anschmiegsam und atmungsaktiv. Peccary findet bei der Herstellung von Handschuhen und Schuhen Verwendung.

Rinds- und Kalbsleder ist ein Sammelbegriff für alle Häute der Rinderrasse und dient als sehr robustes Leder zur Verarbeitung von Gürteln, Schuhen und zu einem geringen Teil als Oberbekleidung.

Das *Haarschaf* ist hauptsächlich eine in den Ländern Indien, Pakistan und Südamerika lebende Schafrasse. Dieses Schaf trägt ein sehr feines Haarkleid und liefert das sehr feine, leichte und weiche Metis-Leder (feinstes Velourleder). Etwas weniger gebräuchlich ist das Nappaleder der Haarschafe.

Entrefino: Ein hochwertiges spanisches Haarschaf spendet das Leder für diese Spitzenqualität hochwertiger Lederbekleidung. Extrem feiner Velourschliff und seidig glänzende Optik bestechen ebenso wie die ausgesprochene Weichheit.

Schaf (Lammleder): Diese fließende Lederqualität wird für Bekleidung sowohl in Nappa als auch in Velourleder verarbeitet.

Ziegenleder gehört mit zum Edelsten. Es ist sehr reißfest, läßt sich seidenweich gerben und hat gute Trageeigenschaften. Die Ziegenlederhäute werden überwiegend als Velourleder verarbeitet. Ein wichtiges Erkennungsmerkmal sind die mehr oder weniger starken Aderabdrücke in der Haut. Dieses Produkt wird hauptsächlich für Bekleidung verarbeitet.

Das *Elchleder* zeigt vor allem eine sehr ausgeprägte Körnung, die auch nach mehreren Arbeitsgängen von Gerbung und Färben unverändert bleibt. Kratzer und Narben sind selbstverständlich, da die Tiere frei in der Wildnis leben. Elchleder wird zu Schuhen und Bekleidung verarbeitet.

Renkalb Das Leder der skandinavischen Rentierkälber ist handschuhweich und leicht. Trotz der natürlichen Feinheit des Materials von 0,6 bis 0,7 mm bietet es eine erstaunliche Reißfestigkeit und eignet sich für edle Lederoberbekleidung.

Hirschleder: Der feste Griff und die ausgeprägte Körnung des Hirschleders bleiben im Laufe der Zeit erhalten und sind charakteristische Ledermerkmale dieses in der Wildnis lebenden Tieres. Hirschleder gilt aufgrund seines weichen Griffes als Cashmere der Lederarten. Schuhe, Mäntel und Blousons sind typische Hirschlederprodukte.

Verarbeitung

Erstklassige Lederbekleidung wird aus echtem, sorgfältig ausgesuchtem Leder mit qualifizierter Gerbung hergestellt. Narben, kleine Punkte und leichte Farbschattierungen sind die natürlichen Merkmale der Tierhäute und deshalb nicht als Fehler zu betrachten.

Die Verarbeitung sollte innen so sauber wie außen sein. Als Nähgarn empfiehlt sich reine Seide.
Bei Überbeanspruchung reißt das Seidengarn, ohne das Leder zu beschädigen.

Herrenschmuck

Historie

Es gibt Völker, die sind nackt, aber es gibt keine ohne Schmuck. Diese Erkenntnis der Völkerkundler belegt, daß Schmuck in allen Zeiten mehr ist als nur überflüssiger, mehr oder weniger kostbarer Zierat. Schmuck ist das älteste Kunsterzeugnis der Menschheit.

Schon von den Ägyptern ist uns der Reichtum ihres Schmuckes bekannt: er hat zu jener Zeit einen tiefen religiösen und symbolischen Charakter.

Auch die Germanen behängen sich reich mit Schmuck. Gürtelbeschläge, Schnallen und Spangen zeugen vom Reichtum des Trägers, seines Ranges und seiner Würde.

Im Mittelalter legen Familien riesige Werte in Schmuck an. Er dient als Kapitalanlage und wechselt seinen Besitzer ebenso leicht und schnell wie in der Neuzeit das bare Geld.

Mit dem ausgehenden Mittelalter und der wachsenden Kunst der Goldschmiede wird der Schmuck immer prächtiger und feiner. Selbst Dürer und Holbein entwerfen Vorlagen für wertvolle Broschen und Anhänger. Schmuck steigert sich zum unerhörten Luxus. Wichtigstes Stück ist die Schmuck- oder Ehrenkette, die breit über die Schulter gelegt wird. Hutschmuck und auffällige Ringe an möglichst vielen Fingern der Hand gehören ebenfalls dazu.

Im 19. Jahrhundert verschwindet der luxuriöse Herrenschmuck – gesellschaftlich geduldet sind nur noch Siegelring und Uhrkette.

Moderne Klassiker

Der Gentleman von heute hält es mit Goethe: "Erst in der Beschränkung zeigt sich der Meister". Zwar sind die Männer in der Auswahl ihrer Accessoires munterer geworden – doch zeigt sich Klasse in der diskreten Qualität. Understatement heißt das Zauberwort.

Krawattennadel

Die Krawattennadel ist eines der neueren Accessoires des Herren. Zu Beginn des 18. Jahrhunderts
setzt sich in der Herrenkleidung die zumeist weiße, kunstvoll gebundene Halsbinde durch. Zum
besseren Sitz dieser Krawatte – ein quadratisches
Tuch, zwei- oder dreimal um den Hals gewickelt
und hinten geknotet – fixiert man diese durch
eine Nadel mit Schmuckknauf. Besonders beliebt sind Nadeln mit Perlen, Edelsteinen, Koral-
len oder gegenständlichen Schmuckmotiven, wie
Jagd-, Freimaurer- oder Kriegsszenen.

Um 1860 ändert sich die Krawattenmode – auch
das breite, bauschig gebundene Plastron ziert eine
Krawattennadel.

Die Krawattennadel übersteht auch die weiteren
Modewechsel. Um 1867 kommt mit dem Umle-
gekragen des Herrenhemdes der vorn geknotete
Langbinder (Schlips) auf; auch er wird von der
Krawattennadel geziert.

Heute hat die Krawattennadel für das Plastron des
Cutaways unverzichtbare Bedeutung. Wird auf die
Krawattennadel verzichtet, decouvriert der Träger
damit sein Plastron als ein gebundenes, konfek-
tioniertes Exemplar. Das handgebundene Plastron
hingegen bedarf der Nadel, um zusammengehal-
ten zu werden.

Krawattenspange

Um 1950 setzt sich, von Amerika kommend, die Krawattenspange durch. Mit einer kleinen Klemme wird die Krawatte an der Knopfleiste des Hemdes befestigt.

Ob Gold, Silber oder Edelstahl – die Materialien der modernen Krawattenspange sind vielfältig. Solche aus Email mit den Farben des Regiments, der Schule, der Universität oder des Clubs sind vor allem für den Blazer typisch und können mit entsprechenden Manschettenknöpfen kombiniert werden.

Die Krawattenspange ist weniger offiziell als die Nadel und findet deshalb bei der festlichen Kleidung keine Verwendung!

Stiltabelle	Nadel	Krawattenspange
Frack	—	—
Cutaway	Nadel mit Perle, Edelstein	—
Smoking	—	—
Schwarzer Anzug	Nadel mit Perle, Edelstein	—
Halboffizieller Anzug	Nadel mit Perle, Edelstein	Edelmetall, schlichtes Dekor
Stadt- und Geschäftsanzug	Nadel mit Perle, Edelstein oder gegenständliche Schmuckmotive	Edelmetall
Blazer	—	Edelmetall, Email
Sportanzug	—	Edelmetall, Email
Sportsakko	—	Edelmetall, Email
Blouson	—	—

Manschettenknöpfe	Kragennadel
(obligatorisch) Edelmetall, evtl. mit Perlen, Perlmutt	—
(obligatorisch) Edelmetall	—
(obligatorisch) Edelmetall	—
(obligatorisch) Edelmetall	—
Edelmetall	—
Edelmetall	Edelmetall
evtl. aus Email	Edelmetall
evtl. Gemmen	—
evtl. Gemmen	—
—	—

Manschettenknöpfe

Obwohl Chroniken berichten, daß der Manschettenknopf im 13. Jahrhundert durch Ludwig IX. in Frankreich erfunden wurde, ist der 'goldene Zwilling' erst seit Mitte des 19. Jahrhunderts fester Bestandteil der Herrenausstattung. Vor dieser Zeit ist die Manschette ein gerüschter, mit Spitzen verzierter Ärmelabschluß. Schlichte Ärmelbündchen gelten als 'bäurisch'.

Im 19. Jahrhundert dienen die Manschettenknöpfe zum Schließen der sogenannten 'Röllchen', einer steifen separaten Manschette, die einfach über den Ärmelabschluß geschoben wird. Solche fest angesetzten Manschetten gibt es erst seit Beginn dieses Jahrhunderts: Der bis auf den Handrücken reichende Stoff wird zur Doppelmanschette zurückgeschlagen.

Doppelmanschetten mit Manschettenknöpfen sind heute noch fester Bestandteil der offiziellen Kleidung – zum Smoking, Cut, Stresemann und zum schwarzen, halboffiziellen Anzug sind Doppelmanschetten nach wie vor ein elegantes 'Muß'. Auch zum Frack werden Manschettenknöpfe getragen, obwohl das Frackhemd keine Doppelmanschette hat, sondern durch eine einfache, steife Manschette mit Knopflöchern gekennzeichnet ist. Das Material der Knöpfe ist hier Edelmetall, ggf. mit Perlen- oder Perlmuttbesatz. Der Stadt- oder Businessanzug wird durch die Doppelmanschette 'aufgewertet'. Vielfach hat sich hier jedoch die

Sportmanschette mit aufgenähten Perlmuttknöpfen durchgesetzt.

Der klassische Manschettenknopf besteht aus zwei Schmuckknöpfen, die durch ein Kettchen verbunden werden. Auch Modelle mit festem Steg sind üblich. Beide Varianten haben ihren Ursprung in Großbritannien. Die Variante mit nur einer Schmuckseite und einem schlichten Metallknebel ist eine amerikanische Spielart. Perlmutt, Perlen, Gold, Silber, Edelsteine oder auch Gemmen sind klassische Materialien. Liebhaber begeistern sich aber auch für kunstvoll gefertigte seidene Kugeln.

Emaillierte Manschettenknöpfe sind für den Blazer typisch. Schlichte Manschettenknöpfe bieten sich für eine Gravur der Initialen an. Auch zum sportlichen Anzug sind Manschettenknöpfe keineswegs deplaziert, wenn sie in ihrer Gestaltung dem rustikalen Anlaß entsprechen.

Register

Stiltabelle für Taschen-/Einstecktücher, Kapitel Taschentücher S. 212

Anlaß	Farbe	Dessin	Material	Faltung (Einstecktuch)
Frack	weiß	uni	Seide Baumwolle Leinen	Dreiecksfaltung Kronenfaltung
Smoking	weiß, blau, champagner	uni (Satinstr.)	Seide Baumwolle	Dreiecksfaltung Kronenfaltung
Dinner-Jackett	(der Hemdfarbe entsprechend)	uni	Leinen	
Cutaway	weiß	uni (Satinstr.)	Seide Baumwolle	Dreiecksfaltung
Stresemann	weiß	uni (Satinstr.)	Leinen	Kronenfaltung
Offizieller Mantel	weiß	uni (Satinstr.)	Seide Baumwolle Leinen	Dreiecksfaltung Kronenfaltung
Halboffizieller Anzug/Mantel	weiß blau pastell	uni (Satinstr.)	Seide Baumwolle Leinen	Dreiecksfaltung Kronenfaltung Puffaltung/ Bauschfaltung
Stadt-/ Geschäftsanzug Mantel Blazer/Mantel	weiß blau pastell weiß blau pastell	uni Satinstr. farbige Streifen uni Streifen farbige Streifen buntfarbig	Leinen Baumwolle, Seide Schottenkaros Leinen Baumwolle, Seide Schottenkaros	Dreiecksfaltung Puffaltung/ Bauschfaltung Amerikanische Faltung Bauschfaltung Puffaltung Amerikanische Faltung Kronenfaltung
Sportanzug/ Sportsakko	weiß blau pastell	uni Streifen Karos	Leinen Baumwolle Seide	Bauschfaltung Puffaltung Amerikanische Faltung
Hausmantel/ Hausjacke	weiß blau pastell buntfarbig	uni Streifen Karos Paisley	Leinen Baumwolle Seide	Bauschfaltung Puffaltung Amerikanische Faltung